**Entwicklung und Bildung in der frühen Kindheit**

Herausgegeben von Manfred Holodynski, Dorothee Gutknecht
und Hermann Schöler

Miriam Leuchter

# Kinder erkunden die Welt

Frühe naturwissenschaftliche Bildung und Förderung

Verlag W. Kohlhammer

Dieses Werk einschließlich aller seiner Teile ist urheberrechtlich geschützt. Jede Verwendung außerhalb der engen Grenzen des Urheberrechts ist ohne Zustimmung des Verlags unzulässig und strafbar. Das gilt insbesondere für Vervielfältigungen, Übersetzungen, Mikroverfilmungen und für die Einspeicherung und Verarbeitung in elektronischen Systemen.

Die Wiedergabe von Warenbezeichnungen, Handelsnamen und sonstigen Kennzeichen in diesem Buch berechtigt nicht zu der Annahme, dass diese von jedermann frei benutzt werden dürfen. Vielmehr kann es sich auch dann um eingetragene Warenzeichen oder sonstige geschützte Kennzeichen handeln, wenn sie nicht eigens als solche gekennzeichnet sind.

1. Auflage 2017

Alle Rechte vorbehalten
© W. Kohlhammer GmbH, Stuttgart
Gesamtherstellung: W. Kohlhammer GmbH, Stuttgart

Print:
ISBN 978-3-17-023434-5

E-Book-Formate:
pdf:    ISBN 978-3-17-032440-4
epub:  ISBN 978-3-17-032441-1
mobi:  ISBN 978-3-17-032442-8

Für den Inhalt abgedruckter oder verlinkter Websites ist ausschließlich der jeweilige Betreiber verantwortlich. Die W. Kohlhammer GmbH hat keinen Einfluss auf die verknüpften Seiten und übernimmt hierfür keinerlei Haftung.

# Vorwort der Herausgeberin und der Herausgeber

Die Lehrbuchreihe „Entwicklung und Bildung in der Frühen Kindheit" will Studierenden und Fachkräften das notwendige Grundlagenwissen vermitteln, wie die Bildungsarbeit im Krippen- und Elementarbereich gestaltet werden kann. Die Lehrbücher schlagen eine Brücke zwischen dem aktuellen Stand der einschlägigen wissenschaftlichen Forschungen zu diesem Bereich und ihrer Anwendung in der pädagogischen Arbeit mit Kindern.

Die einzelnen Bände legen zum einen ihren Fokus auf einen ausgewählten Bildungsbereich, wie Kinder ihre sozio-emotionalen, sprachlichen, kognitiven, mathematischen oder motorischen Kompetenzen entwickeln. Hierbei ist der Leitgedanke darzustellen, wie die einzelnen Entwicklungsniveaus der Kinder und Bildungsimpulse der pädagogischen Einrichtungen ineinandergreifen und welche Bedeutung dabei den pädagogischen Fachkräften zukommt. Die Reihe enthält zum anderen Bände, die zentrale bereichsübergreifende Probleme der Bildungsarbeit behandeln, deren angemessene Bewältigung maßgeblich zum Gelingen beiträgt. Dazu zählen Fragen, wie pädagogische Fachkräfte ihre professionelle Responsivität den Kindern gegenüber entwickeln, wie sie Gruppen von Kindern stressfrei managen oder mit Multikulturalität, Integration und Inklusion umgehen können. Die einzelnen Bände bündeln fachübergreifend aktuelle Erkenntnisse aus den Bildungswissenschaften wie der Entwicklungspsychologie, Diagnostik sowie Früh- und Sonderpädagogik und bereiten für den Einsatz in der Aus- und Weiterbildung, aber ebenso für die pädagogische Arbeit vor Ort vor. Die Lehrbuchreihe richtet sich sowohl an Studierende, die sich in ihrem Studium mit der Entwicklung und institutionellen Erziehung von Kindern befassen, als auch an die pädagogischen Fachkräfte des Elementar- und Krippenbereichs.

Der vorliegende Band „Kinder erkunden die Welt" widmet sich einem aktuell heiß diskutierten Thema, der naturwissenschaftlichen Grundbildung im Kindergarten. Unter diesem Banner werden Kinder oftmals mit einem bunten Strauß naturwissenschaftlicher Phänomene überschüttet – zumeist ohne Bezug und Belege, was Kinder in dem Alter überhaupt an naturwissenschaftlichem Wissen verstehen und aufnehmen können. Dem stellt die Autorin Miriam Leuchter ein entwicklungspsychologisch und naturwissenschaftsdidaktisch fundiertes Konzept entgegen, wie man die frühe naturwissenschaftliche Bildung und Förderung altersangemessen konzeptualisieren und in der KiTa-Praxis nachhaltig umsetzen kann. Die Autorin ist eine der renommierten Expertinnen auf dem Gebiet der naturwissenschaftlichen Grundbildung. Sie hat als ausgebildete KiTa-Fachkraft, Fortbildnerin für KiTa-Fachkräfte und als Hochschullehrerin an der Universität Münster auf der Stiftungsprofessur „Naturwissenschaftliche Früherziehung" und jetzt an der Universität Koblenz-Landau einen differenzierten Einblick in die aktuelle Forschung und KiTa-Praxis naturwissenschaftlicher Grundbildung.

Das Buch liefert eine überzeugende Analyse, was Kennzeichen naturwissenschaftlicher Forschung sind. Das neugierige Fragen von Kindern und das Tun und Ausprobieren sind allein noch keine naturwissenschaftlichen Tätigkeiten, auch wenn sich diese auf Naturphänomene beziehen. Vielmehr zeichnen sich genuin naturwissenschaftliche Tätigkeiten durch naturwissenschaftliche Denk- und Arbeitsweisen aus, die als Anknüpfungspunkt für eine naturwissenschaftliche Grundbildung herangezogen werden können.

Es ist das große Verdienst dieses Buches, aus einer entwicklungspsychologischen Perspektive die kognitiven, emotionalen und motivationalen Voraussetzungen für das Verstehen naturwissenschaftlicher Phänomene und Denkweisen systematisch zusammenzustellen und ein fundiertes Bildungskonzept zu formulieren, was Gegenstand, Inhalt und Methodik einer naturwissenschaftlichen Grundbildung für diese Altersgruppe sein können. Dazu werden altersangemessene Methoden und Unterstützungsformen sowie inspirierende Beispiele vorgestellt, wie naturwissenschaftliche Denk- und Arbeitsweisen in der KiTa-Arbeit mit Hilfe des angeleiteten und freien Regel- und Konstruktionsspiels von Kindern angebahnt werden können.

Wir sehen das Buch als einen Meilenstein in der Konzeptualisierung naturwissenschaftlicher Grundbildung in KiTas. Denn es bezieht erstmals die entwicklungspsychologische, pädagogische und naturwissenschaftsdidaktische Perspektive in schlüssiger Weise aufeinander und gibt aufschlussreiche Anstöße und Orientierungen für eine interdisziplinäre Diskussion und Praxis einer altersangemessenen naturwissenschaftlichen Grundbildung.

Münster, Heidelberg und Freiburg im Dezember 2016
*Manfred Holodynski, Hermann Schöler und Dorothee Gutknecht*

# Inhalt

Vorwort der Herausgeberin und der Herausgeber ........................ 5

1 Einleitung ..................................................... 11

2 Was sind Naturwissenschaften? ................................. 14
    2.1 Vorstellungen über das Wesen der Naturwissenschaften und der naturwissenschaftlichen Arbeit ..................... 14
    2.2 Exkurs: Grundlegende Denkprozesse wissenschaftlicher Erkenntnisgewinnung ........................................ 19
    2.3 Denk- und Arbeitsweisen in den Naturwissenschaften ....... 20
    2.4 Naturwissenschaftliche Inhalte ............................. 26
    2.5 Drei exemplarische naturwissenschaftliche Konzepte für die KiTa ................................................. 27
    2.6 Naturwissenschaftliche Tätigkeiten – ein Definitionsversuch . 29
    2.7 Schlussfolgerungen im Hinblick auf eine Naturwissenschaftsdidaktik für die KiTa ....................................... 30
    2.8 Weiterführende Literatur ................................... 34

3 Fachliche und bildungspolitische Richtlinien und Ziele einer frühen naturwissenschaftlichen Bildung ................................. 35
    3.1 Scientific Literacy als fachliche Richtlinie ................... 35
    3.2 Bildungspläne der Bundesländer im Vergleich ............... 37
    3.3 Gesellschaftliche Vorstellungen über das Kind ............... 39
    3.4 Die den pädagogischen Fachkräften zugedachte Rolle ....... 40
    3.5 Schlussfolgerungen im Hinblick auf eine Naturwissenschaftsdidaktik für die KiTa ....................................... 41
    3.6 Weiterführende Literatur ................................... 41

4 Individuelle Voraussetzungen früher naturwissenschaftlicher Bildung: Entwicklung von Kompetenzen und Basiswissen im Alter von null bis sechs Jahren ....................................... 42
    4.1 Exkurs: Implizites und explizites Wissen und Methoden ihrer Erfassung ............................................. 42
    4.2 Basiskompetenzen in Bezug auf Denk- und Arbeitsweisen .... 43
    4.3 Bereichsspezifisches Wissen im Themenfeld Physik ......... 50
    4.4 Schlussfolgerungen im Hinblick auf eine Naturwissenschaftsdidaktik für die KiTa ....................................... 57
    4.5 Weiterführende Literatur ................................... 58

5 ‚Konzept' als zentraler Begriff der Naturwissenschaftsdidaktik .... 59
    5.1 Entstehung von Konzepten ................................. 60
    5.2 Stabilität von Konzepten ................................... 61

| | | |
|---|---|---|
| | 5.3 Schlussfolgerungen im Hinblick auf eine Naturwissenschaftsdidaktik für die KiTa | 62 |
| | 5.4 Weiterführende Literatur | 63 |
| **6** | **Der Wandel von Konzepten** | **64** |
| | 6.1 Konzepte und ihr Wandel bei Kindern im Vorschulalter | 64 |
| | 6.2 Bedingungen für einen Wandel von Konzepten | 65 |
| | 6.3 Schlussfolgerungen im Hinblick auf eine Naturwissenschaftsdidaktik für die KiTa | 67 |
| | 6.4 Weiterführende Literatur | 68 |
| **7** | **Das konstruktivistische Verständnis des Aufbaus von Konzepten in den Naturwissenschaften** | **69** |
| | 7.1 Der Aufbau von Konzepten als selbstregulierter und aktiver Prozess | 69 |
| | 7.2 Der Aufbau von Konzepten als sozial gesteuerter Prozess | 70 |
| | 7.3 Der Aufbau von Konzepten als situierter Prozess | 71 |
| | 7.4 Beschränkungen der Informationsverarbeitung von Drei- bis Sechsjährigen | 72 |
| | 7.5 Schlussfolgerungen im Hinblick auf eine Naturwissenschaftsdidaktik für die KiTa | 73 |
| | 7.6 Weiterführende Literatur | 74 |
| **8** | **Naturwissenschaftsdidaktik in der KiTa: Anregen und Unterstützen des Aufbaus von naturwissenschaftlichen Konzepten bei Vorschulkindern** | **75** |
| | 8.1 Diagnostik | 75 |
| | 8.2 Prinzipien der Gestaltung wirksamer Angebote | 76 |
| | 8.3 Das Modell des Cognitive Apprenticeship | 82 |
| | 8.4 Gliederung der Bildungsangebote | 88 |
| | 8.5 Schlussfolgerungen im Hinblick auf eine Naturwissenschaftsdidaktik für die KiTa | 89 |
| | 8.6 Weiterführende Literatur | 92 |
| **9** | **Die Anbahnung naturwissenschaftlicher Konzepte: Beispiele** | **93** |
| | 9.1 Denk- und Arbeitsweisen exemplarisch einführen: Untersuchungen am Apfel | 93 |
| | 9.2 Beobachten | 97 |
| | 9.3 Ordnungsprinzipien finden, Ordnen | 100 |
| | 9.4 Vermutungen aufstellen, überprüfen und dokumentieren | 101 |
| | 9.5 Variablen vergleichen, Experimente planen, durchführen, dokumentieren und diskutieren | 104 |
| | 9.6 Naturwissenschaftliche Bildung mit dem Bauspiel fördern | 109 |
| | 9.7 Schlussfolgerungen im Hinblick auf eine Naturwissenschaftsdidaktik für die KiTa | 119 |
| | 9.8 Weiterführende Literatur | 121 |

| | | |
|---|---|---|
| **10** | **Ausblick: Naturwissenschaftlicher Unterricht in der Grundschule** .. | **122** |
| | 10.1 Schlussfolgerungen im Hinblick auf eine Naturwissenschaftsdidaktik für die KiTa ................................. | 126 |
| | 10.2 Weiterführende Literatur ................................. | 127 |

Literatur ................................................................. 128

# 1 Einleitung

Naturwissenschaftliche Bildung soll bereits im frühen Kindesalter beginnen, diese Forderung wird in den letzten Jahren vermehrt geäußert. Argumente, mit welchen das frühere Einführen von naturwissenschaftlichen Bildungsinhalten begründet wird, sind die Ergebnisse der internationalen Vergleichsstudien *Third International Mathematics and Science Study* (TIMSS) und *Programme for International Student Assessment* (PISA), bei denen die deutschen Schülerinnen und Schüler der Sekundarstufe 1 im unteren Mittelfeld abgeschnitten haben. Frühe naturwissenschaftliche Bildung soll nun dabei helfen, der hochtechnisierten Industrie fähigen Nachwuchs zu stellen. Weiter wird die verstärkte Technisierung der Gesellschaft als häufiger Grund für die Fokussierung auf die frühe naturwissenschaftliche Bildung angeführt: Mit der Technik werden bereits sehr junge Kinder konfrontiert, und für die Technik bilden die Naturwissenschaften im weitesten Sinn die Grundlagen. Das Bildungsdefizit in den oberen Stufen soll also aufgefangen werden, indem in den unteren Stufen, am besten schon beim ersten Kontakt mit institutionalisierter Bildung, naturwissenschaftliches Wissen aufgebaut wird.

Diese gesellschaftlichen Forderungen sind durchaus kritisch zu diskutieren, ist es doch auffallend, dass die Debatte zur fehlenden naturwissenschaftlichen Bildung in der Sekundarstufe eine Verlagerung der Problematik auf die ersten Bildungsjahre vornimmt. Generell wird erhofft, dass die Einführung von naturwissenschaftlichen Bildungsinhalten bereits ab drei Jahren für eine Verbesserung von naturwissenschaftlichen Leistungen in späteren Bildungsstufen sorgt (Leuchter & Möller, 2014). Zu bedenken ist, dass diese Argumente aber zu einem fehlgeleiteten Bild naturwissenschaftlicher Bildung im frühen Kindesalter führen können, indem Inhalte der Primar- und Sekundarstufe in den Bereich der Vorschule vorverlegt werden. Das anschlussfähig aufzubauende naturwissenschaftliche Wissen und die dahinterstehenden intellektuellen Anforderungen an die drei- bis sechsjährigen Kinder werden in vielen vorgeschlagenen naturwissenschaftlichen ‚Experimenten' und Spielen zudem kaum berücksichtigt.

Die Euphorie, mit der momentan ungeprüft allerlei naturwissenschaftliche Inhalte in die KiTa hineingebracht werden, hat auch damit zu tun, dass die Ausgangslage für frühe naturwissenschaftliche Bildung zunächst einmal bestens scheint: Drei- bis sechsjährige Kinder zeigen ein stark ausgeprägtes Interesse und spontane Neugierde (Conezio & French, 2002), sie beschäftigen sich gerne mit Phänomenen der Natur und stellen diesbezüglich viele Fragen.

Dennoch ist die Vorstellung, Wissensdefizite am Ende des Schulalters könnten mit der frühen Bildung aufgefangen werden, ein Trugschluss, wenn nicht geklärt ist, welche Bildungsziele sinnvollerweise mit drei- bis sechsjährigen Kindern angebahnt werden können und erreicht werden sollen. Es ist durchaus so, dass drei bis sechsjährige Kinder im Erleben der Umwelt auf naturwissenschaftliche Phänomene aufmerksam werden, Fragen dazu generieren, Wissen dazu erwerben und weiterentwickeln können. Eine sinnvolle Unterstützung in ihrem Erleben und Lernen muss aber altersadäquat und inhaltlich überzeugend geschehen.

Dieses Buch widmet sich den Fragen, was Kinder zwischen drei und sechs Jahren lernen können, wie die Neugierde erhalten, die Formulierung von Fragen gefördert und das Entdecken der Welt unterstützt werden können – im weitesten Sinn: was sie wissen können. Dabei wird der Begriff ‚Wissen' in verschiedenen Zusammenhängen verwendet. Pragmatisch wird in diesem Buch Wissen in einem breiten Sinn verstanden: Wird im Folgenden von ‚Wissen' gesprochen, umfasst dieser Begriff Kompetenzen, Fähigkeiten und Fertigkeiten im Sinne von ‚Können' im weitesten Sinn. Wissen wird hier also weder als ‚schulbezogen' noch als ‚abstrakt' oder als nur sprachlich verfügbar verstanden, es kann sich auch in Handlungen äußern.

Verbreitete Vorstellungen von Naturwissenschaften und naturwissenschaftlicher Bildung haben oft nur wenig mit der Arbeit von Wissenschaftlerinnen und Wissenschaftlern und mit Naturwissenschaften zu tun. Deshalb wird in Kapitel 2 (▶ Kap. 2) die Frage gestellt, wodurch Naturwissenschaften definiert werden und welche naturwissenschaftlichen Tätigkeiten von Kindern zwischen drei und sechs Jahren aufgrund ihres kognitiven Entwicklungsstandes überhaupt möglich sein können. Es wird aufgezeigt, dass allein Tun und Ausprobieren, auch wenn sich diese auf Naturphänomene beziehen, noch keine naturwissenschaftlichen Tätigkeiten sind. Vielmehr wird hier die Auffassung vertreten, dass genuin naturwissenschaftliche Tätigkeiten durch naturwissenschaftliche Denk- und Arbeitsweisen ausgezeichnet werden.

Da Bildung immer im Spannungsfeld zwischen individuellen Voraussetzungen und gesellschaftlichem Anspruch steht, wird in Kapitel 3 (▶ Kap. 3) herausgearbeitet, welche übergreifenden Ziele für die gesamte naturwissenschaftliche Bildungsbiographie in den Blick genommen werden müssen und welche bildungspolitischen Richtlinien und Ziele für drei- bis sechsjährige Kinder daraus abgeleitet werden sollten. Dazu wird das Konzept *Scientific Literacy* vorgestellt sowie eine Auswahl von Bildungsplänen der Bundesländer miteinander verglichen.

Soll die Umsetzung dieser Bildungsziele gelingen, müssen entwicklungspsychologische Grundlagen früher naturwissenschaftlicher Bildung berücksichtigt werden. Dies wird in Kapitel 4 (▶ Kap. 4) dargelegt. Hier geht es insbesondere um die Entwicklung von Basiskompetenzen im Bereich der Denk- und Arbeitsweisen sowie um die Entwicklung von bereichsspezifischem naturwissenschaftlichem Wissen, wobei exemplarisch der physikalische Wissensbereich ausgewählt worden ist. Beides ist eine wichtige Grundlage für die Planung und Durchführung naturwissenschaftlicher Bildungsangebote.

Im 5. Kapitel (▶ Kap. 5) liegt der Fokus darauf, wie – aus naturwissenschaftsdidaktischer Sicht – Wissen entsteht und welchen Bedingungen es unterliegt. Wissen tendiert dazu, träge und veränderungsresistent zu sein, so dass eine nachfolgende Umstrukturierung von wissenschaftlich falschem Wissen eine große Herausforderung darstellt. Kapitel 6 (▶ Kap. 6) zeigt auf, unter welchen kognitiven, motivationalen sowie situationsspezifischen und sozialen Bedingungen naturwissenschaftliches Wissen aus der Sicht der Naturwissenschaftsdidaktik verändert werden kann.

Im 7. Kapitel (▶ Kap. 7) wird ein konstruktivistisches Verständnis des Lernens als selbstregulierter und aktiver, sozialer und situativer Prozess dargestellt sowie auf Einschränkungen der Lernfähigkeit von Kindern im KiTa-Alter hingewiesen, die durch das sich entwickelnde Arbeitsgedächtnis hervorgerufen werden. Daraus werden jedoch keine direkten Schlussfolgerungen für die Lernunterstützung gezogen. Vielmehr werden die Grundlagen des Lernens naturwissenschaftsdidaktisch interpretiert.

In Kapitel 8 (▶ Kap. 8) werden insbesondere die Handlungsorientierung sowie der Einsatz von Variationen und Wiederholungen als didaktische Merkmale herausgearbeitet. Anschließend werden auf Grundlage des Modells *Cognitive Apprenticeship* materiale und verbale Unterstützungsmaßnahmen erörtert, die Kindern dabei helfen, ihr Lernen selbstständig zu steuern. Das Kapitel schließt mit Überlegungen zur Organisation von Lernangeboten für drei- bis sechsjährige Kinder und führt zur Ausarbeitung von konkreten Beispielen für Angebote in der KiTa.

Im 9. Kapitel (▶ Kap. 9) werden ausgehend von den beschriebenen naturwissenschaftlichen Denk- und Arbeitsweisen Angebote skizziert, mit denen anhand von in der KiTa vorhandenen Materialien frühe naturwissenschaftliche Bildung unterstützt werden kann. Anschließend werden Vorschläge ausgeführt, wie das Bauspiel als naturwissenschaftliche Lerngelegenheit genutzt werden kann. In einem kurzen Exkurs werden diagnostische Aspekte der Naturwissenschaftsdidaktik skizziert. Das Kapitel schließt mit einem Hinweiskatalog für die eigene Planung von naturwissenschaftlichen Angeboten und einer kritischen Diskussion von einigen verbreiteten Vorschlägen für die naturwissenschaftliche Bildung in der KiTa.

In Kapitel 10 (▶ Kap. 10) wird abschließend ein Ausblick auf den naturwissenschaftlichen Unterricht in der Grundschule gegeben und auf mögliche Herausforderungen bei der Umsetzung von stufenübergreifenden naturwissenschaftlichen Projekten in KiTa und Grundschule hingewiesen.

## 2 Was sind Naturwissenschaften?

Sollen Naturwissenschaften charakterisiert werden, stimmen Laien und Naturwissenschaftlerinnen und -wissenschaftler meist nicht überein. Dies hat nur teilweise mit dem unvollständigen Wissen der Nicht-Wissenschaftlerinnen und -wissenschaftler zu tun, vielmehr werden bei Laien tief verwurzelte Überzeugungen, wie Wissenschaftlerinnen und Wissenschaftler arbeiten und wie Wissen zustande kommt, identifiziert (Lederman, Abd-El-Khalick, Bell & Schwartz, 2002). Fragen wie „Ist naturwissenschaftliches Wissen über alle Zeit beständig und muss einfach nur ‚entdeckt' werden, oder ist es veränderlich und entwickelt sich langsam weiter?" bzw. „Wird naturwissenschaftliches Wissen von Autoritäten weitergegeben, oder wird es sozial konstruiert?" sind dabei meist nicht eindeutig zu beantworten. Auch Naturwissenschaftlerinnen und -wissenschaftler selbst sind sich nicht einig darüber, wie ihre Arbeit am besten beschrieben werden kann. Daher soll im Folgenden auch kein Versuch unternommen werden zu klären, was Wissenschaften oder Naturwissenschaften SIND, sondern dazu angeregt werden, darüber nachzudenken, was man sich unter Wissenschaft vorstellen kann und wie über Wissen und Wissenschaft gesprochen wird.

Die Vorstellungen über die Struktur des Wissens und des Wissenserwerbs beeinflussen sowohl bei Kindern als auch bei Erwachsenen das Wahrnehmen sowie das Lehren und Lernen von Naturwissenschaften. Deshalb müssen die Fragen nach den eigenen Überzeugungen und nach dem eigenen Wissen von pädagogischen Fachkräften geklärt werden, bevor naturwissenschaftliche Bildungsinhalte geplant und durchgeführt werden. Angemessene Vorstellungen über das Wesen der Naturwissenschaften zu erwerben und zu wissen, wie sie ‚funktionieren', gehört zudem zur naturwissenschaftlichen Grundbildung. Im Folgenden werden zunächst Vorstellungen über das Wesen von Naturwissenschaften vorgestellt (▶ Kap. 2.1), um danach grundlegende Denkprozesse zur Gewinnung naturwissenschaftlicher Erkenntnisse darzustellen (▶ Kap. 2.2). Darauf aufbauend werden naturwissenschaftliche Denk- und Arbeitsweisen (▶ Kap. 2.3) und naturwissenschaftliche Inhalte (▶ Kap. 2.4) beschrieben, um exemplarische naturwissenschaftliche Konzepte für die Bildung im Kindergarten vorzuschlagen (▶ Kap. 2.5). Das Kapitel schließt mit einem Definitionsversuch naturwissenschaftlicher Tätigkeiten (▶ Kap. 2.6).

### 2.1 Vorstellungen über das Wesen der Naturwissenschaften und der naturwissenschaftlichen Arbeit

Vorstellungen von Kindern, Jugendlichen und Erwachsenen zum Wissen und zur wissenschaftlichen Arbeit im naturwissenschaftlichen Bereich wurden und werden mit unterschiedlichen Untersuchungsmethoden analysiert. Folgende Fragen und Antworten sind an ein Interview angelehnt, mit dem bei Kindern der dritten Grundschulklasse Vorstellungen über das Wesen von Naturwissenschaften (▶ Thema 1) und das Denken und Arbeiten von Naturwissenschaftlerinnen und -wissenschaftlern (▶ Thema 2) erfasst wurden (Grygier, 2008). Anhand der Antworten lassen sich gängige Vorstellungen einander gegenüberstellen und in eine Niveau-Ordnung (0 bis 2) bringen: ‚0' ist dabei definiert als eine naive bzw. unwissenschaftliche Vorstellung, ‚1' als eine Zwischenvorstellung und ‚2' als annähernd wissenschaftlich.

**Tab. 1:** Das Wesen der Naturwissenschaften (Thema 1).

| | Frage | Antwort |
|---|---|---|
| 1.1 Funktion der Wissenschaften | Worum geht es in der Wissenschaft? | Es geht darum, <br> 0: Klarheit zu schaffen. <br> 1: etwas auszuprobieren und zu entdecken. <br> 2: Erklärungen zu finden, zu testen und zu belegen. |
| 1.2 Theorie in den Wissenschaften | Was ist eine Theorie? | Eine Theorie <br> 0: sagt den Wissenschaftlerinnen und Wissenschaftlern, was sie zu tun haben. <br> 1: ist eine Erklärung, warum etwas passiert. <br> 2: ist die konzeptuelle Grundlage für eine Vermutung und wird durch die Ergebnisse eines Experiments verfeinert, bestätigt oder widerlegt. |
| 1.3 Vermutung in den Wissenschaften | Was ist eine Vermutung? | Eine Vermutung <br> 0: ist eine Frage. <br> 1: wird im Experiment getestet. <br> 2: wird aus einer Theorie abgeleitet und auf das Experiment ausgerichtet, um widerlegt oder bestätigt zu werden. Vermutungen können nicht endgültig bewiesen werden. |
| 1.4 Experimente in den Wissenschaften | Was ist ein Experiment? | Ein Experiment erlaubt, <br> 0: Fragen zu beantworten. <br> 1: etwas auszuprobieren, zu entdecken. <br> 2: eine aus der Theorie abgeleitete Vermutung mehrmals zu testen, Ergebnisse zu messen und zu vergleichen sowie Zusammenhänge zu erkennen. |

**Tab. 2:** Denken und Arbeiten von Naturwissenschaftlerinnen und -wissenschaftlern (Thema 2).

| | Frage | Antwort |
|---|---|---|
| 2.1 Arbeit der Naturwissenschaftlerinnen und -wissenschaftler | Wie arbeiten Wissenschaftlerinnen und Wissenschaftler? | Sie arbeiten, indem sie <br> 0: einen weißen Kittel anziehen. <br> 1: erfinden und experimentieren. <br> 2: unter kontrollierten Bedingungen aus Theorien abgeleitete Vermutungen testen. |

**Tab. 2:** Denken und Arbeiten von Naturwissenschaftlerinnen und -wissenschaftlern (Thema 2) – Fortsetzung.

| | Frage | Antwort |
|---|---|---|
| 2.2 Fragen der Naturwissenschaftlerinnen und -wissenschaftler | Was für Fragen stellen sich Wissenschaftlerinnen und Wissenschaftler? | Sie stellen die Frage,<br>0: ob sie es schaffen, alles richtig zu machen.<br>1: ob die Erfindung gut ist.<br>2: warum etwas so ist, wie es ist. |
| 2.3 Wissen der Naturwissenschaftlerinnen und -wissenschaftler | Was machen Wissenschaftlerinnen und Wissenschaftler, wenn sie etwas nicht wissen? | Wenn sie etwas nicht wissen,<br>0: denken sie gut nach, dann kommt es ihnen in den Sinn.<br>1: schauen sie in ihren Büchern nach.<br>2: schauen sie in der Literatur nach, diskutieren sie mit anderen Wissenschaftlerinnen und Wissenschaftlern, planen Experimente und führen sie durch. |
| 2.4 Veränderung des Wissens von Naturwissenschaftlerinnen und -wissenschaftlern | Ändern Wissenschaftlerinnen und Wissenschaftler ihre Theorien/Vermutungen? | 0: Nein.<br>1: Ja, wenn jemand Berühmteres ihnen sagt, dass es nicht stimmt.<br>2: Ja, wenn sie nach vielem Testen, Lesen und Diskutieren merken, dass dies notwendig ist. |
| 2.5 Fehler von Naturwissenschaftlerinnen und -wissenschaftlern | Kann es sein, dass Wissenschaftlerinnen und Wissenschaftler Fehler machen? | 0: Nein.<br>1: Ja, wenn eines ihrer Werkzeuge kaputt ist.<br>2: Ja, wenn ihre Theorie falsch ist oder ihre Vermutung nicht präzise formuliert ist. |

Die hier zusammengestellten Antworten auf Niveau 2 sind nicht abschließend als ‚richtig' anzusehen, sie spiegeln jedoch ein informiertes Verständnis der Naturwissenschaften und ihrer Methoden im Allgemeinen wider. Naturwissenschaftsdidaktiker nehmen mit ihren Einschätzungen zum Wesen der Naturwissenschaften folgende Perspektiven ein – auch diese sind jedoch nicht als definitiv anzusehen, sondern werden ständig diskutiert und überprüft (vgl. auch Neumann & Kremer, 2013; Osborne, Collins, Ratcliffe, Millar & Duschl, 2003):

- *Vorläufigkeit*: Naturwissenschaftliches Wissen ist nicht abgeschlossen, sondern entwickelt sich ständig weiter. So ermöglichen neuere Erkenntnisse zu Krankheiten und über pflanzliche/chemische Wirkstoffe die Entwicklung von passgenaueren Medikamenten.
- *Empiriebasierte Evidenz*: Naturwissenschaftliche Einsichten können nur durch Erfahrungen gewonnen werden. Untersuchungen werden durchgeführt, um zuvor definierte Zustände oder Prozesse und deren Veränderungen beobachten zu können. Die dabei gewonnenen Ergebnisse werden anschließend nach definierten Kriterien interpretiert. Beobachtungen und Schlussfolgerun-

gen werden getrennt. Durch reines Nachdenken allein können demnach keine naturwissenschaftlichen Erkenntnisse gewonnen werden.
- *Wissenschaftliche Gütekriterien*: Naturwissenschaftliche Forschungsergebnisse müssen methodisch abgesichert und in einer Testreihe kritisch geprüft werden. Eine einzige Untersuchung ergibt noch keine sicheren Erkenntnisse, sondern Untersuchungen müssen mehrere Male wiederholt werden und jeweils zu vergleichbaren Resultaten führen. Erst dann lassen sie sich von Zufallsbefunden unterscheiden. Daher muss die Untersuchungsmethode klar dargestellt und so festgehalten werden, dass die Untersuchung jederzeit wiederholbar ist und auch von anderen Forschenden wiederholt werden kann.
- *Erkenntnisgewinn*: In den Naturwissenschaften werden Fragen gestellt und theoriegeleitet Vermutungen formuliert, um Phänomene vorherzusagen und zu erklären – im Bewusstsein, dass dieser Erkenntnisgewinn vorläufig ist. Ohne Theorie kann keine Vermutung aufgestellt werden, auch nicht bei der einfachsten Untersuchung. Wird also z. B. die Vermutung aufgestellt, dass alle Dinge, die ein Loch haben, im Wasser sinken, liegt dieser Vermutung vereinfacht gesagt eine Theorie zu Löchern, Wasser und Objekten zugrunde – auch wenn sie nicht explizit formuliert wird. Um einen Erkenntnisgewinn zu erzielen, ist es wichtig, dass die Theorie bewusst gemacht und geäußert wird, d. h. in unserem Beispiel die vermuteten Beziehungen zwischen Gegenständen, Löchern und Wasser ausformuliert und auch möglichst schriftlich fixiert werden. Nur so kann – sollte eine Untersuchung die Vermutung widerlegen – anschließend auch die Theorie (die vermuteten Beziehungen zu Löchern, Wasser und Objekten) überarbeitet werden.
- *Kreativität*: Naturwissenschaftlerinnen und -wissenschaftler arbeiten kreativ und folgen nicht immer vorgegebenen Pfaden. Zwar wird häufig entlang eines sog. ‚Erkenntniszirkels' geforscht (▶ Kap. 2.3), doch nicht immer werden zwingend alle Schritte dieses Zirkels vollständig durchlaufen.
- *Soziale Eingebundenheit*: Kooperation und Austausch sind für die Entwicklung naturwissenschaftlichen Wissens zentral. Naturwissenschaftliche Erkenntnis wird heute mehr denn je im Team gewonnen. Aber auch in früheren Jahrhunderten standen die Wissenschaftlerinnen und Wissenschaftler in regem Austausch und pflegten eine intensive briefliche Korrespondenz (Janich, 1997).
- *Zusammenspiel mit der Technik*: Technik und Naturwissenschaften sind untrennbar miteinander verbunden. Werkzeuge und Messinstrumente spielen nicht erst heute eine wichtige Rolle in den Naturwissenschaften. Beispielsweise ermöglichte der Einsatz des Werkzeugs ‚Teleskop' schon seit dem 17. Jahrhundert Erkenntnisse in der Astronomie. Werkzeuge und Messinstrumente sind technische Instrumente, die stets geeicht sein müssen, denn ihre Korrektheit hat einen starken Einfluss auf die Ergebnisse von Untersuchungen und damit eine große Bedeutung für die Erkenntnisse in den Naturwissenschaften (Steinle, 1997). Umgekehrt üben Erkenntnisse, bei denen zunächst nur ihr naturwissenschaftlicher Aspekt verstanden wurde, einen großen Einfluss auf technische Errungenschaften aus (z. B. können durch das Verständnis der

Atomstruktur chemische oder physikalische Reaktionen gesteuert und neue Werkstoffe gewonnen werden).
- *Naturwissenschaften im Gefüge von Gesellschaft und Kultur*: Naturwissenschaftliche Erkenntnisse werden vom historischen und sozialen Umfeld geprägt. Religiöse Vorstellungen haben die Möglichkeiten zur naturwissenschaftlichen Erkenntnis und zu derer Verbreitung lange geprägt. So ist z. B. das Weltbild, in dem die Erde den Mittelpunkt des Planetensystems bildet, lange aus religiösen Gründen unangreifbar gewesen, nun aber seit Kopernikus überholt (▶ Kap. 5.2).
- *Vielfältigkeit*: Methoden und Ziele der Naturwissenschaften sind mehrdimensional. In erster Linie werden je nach Fragestellung und Ziel unterschiedliche Methoden benötigt – die Untersuchung des Planetensystems kann u. a. durch die Beobachtung mit Teleskopen geschehen, die Untersuchung von chemischen Eigenschaften eines Stoffes durch Laborexperimente. Mit verschiedenen Fragestellungen und Zielen (und demnach auch unterschiedlichen Methoden) können die gleichen Gegenstände untersucht werden. Beispielsweise können Pflanzen aus einem botanischen Interesse bezüglich des Verständnisses der Arten untersucht werden oder aus einem pharmakologischen Interesse auf der Suche nach einem Wirkstoff.

In den Naturwissenschaften geht es also darum, vorläufige Erklärungen zu finden, welche mit einer Untersuchung geprüft werden. D. h. aufgrund von bereits bestehenden Theorien werden Vermutungen aufgestellt, die so formuliert werden müssen, dass sie durch eine Untersuchung bestätigt oder widerlegt werden können. Dazu müssen Untersuchungen so angelegt und beschrieben werden, dass sie (von anderen Wissenschaftlerinnen und Wissenschaftlern) wiederholt werden können. Auf diese Weise werden Theorien durch die Ergebnisse von Untersuchungen verfeinert, bestätigt oder widerlegt. Naturwissenschaftlerinnen und -wissenschaftler gehen also in ihrer Arbeit Fragen auf den Grund, indem sie aus Theorien abgeleitete Vermutungen in Untersuchungen prüfen, ihre Ergebnisse mit anderen Wissenschaftlerinnen und Wissenschaftlern diskutieren und das Wissen so weiterentwickeln. Dieser Prozess ist jedoch nicht geradlinig. Naturwissenschaftlerinnen und -wissenschaftler weichen in ihrem Forschungsprozess manchmal von ihren zunächst beschlossenen Vorgehensweisen ab oder machen Fehler, welche zu unvorhergesehenen Ergebnissen führen, oder ihr Experiment widerlegt ihre aufgestellten Vermutungen, so dass die eigenen Theorien überdacht und neue Vermutungen formuliert werden müssen.

In Bezug auf eine frühe naturwissenschaftliche Bildung ist häufig von Kindern als ‚intuitiven Wissenschaftlerinnen und Wissenschaftlern' die Rede. Diese Metapher ist jedoch irreführend, da bei Kindern zwischen drei und sechs Jahren die Fähigkeit nicht voll ausgebildet ist, Theorien (oder einfacher: Vermutungen) und Beobachtungen systematisch zusammenzuführen (siehe Beispiel unten). Dies wird jedoch als entscheidendes Kennzeichen der wissenschaftlichen Tätigkeit angesehen (Schnotz, 2001).

> *Beispiel: Kinder können Theorien und Beobachtungen nicht systematisch zusammenführen*
> Kinder können der Überzeugung sein, dass alle Dinge mit Loch sinken. Anhand eines hölzernen Vorhangrings, den sie ins Wasser legen, können sie zwar beobachten, dass ihre Theorie, dass alle Dinge mit Löchern sinken, falsch ist und der Vorhangring schwimmt. Dennoch können sie durchaus noch weiter daran festhalten, dass Dinge mit Löchern sinken und auf ihrer Theorie beharren.

Auch wenn die meisten Naturwissenschaftlerinnen und -wissenschaftler den hier genannten Beschreibungen ihrer Arbeit weitestgehend zustimmen, gibt es noch keine allgemeingültige Definition, was Naturwissenschaften sind. Zwei Kernbereiche lassen sich jedoch bestimmen: (1) die Denk- und Arbeitsweisen, (2) die naturwissenschaftlichen Inhalte. In den folgenden Abschnitten wird nach einem Exkurs über grundlegende Prozesse der wissenschaftlichen Erkenntnisgewinnung ein Überblick über Denk- und Arbeitsweisen in den Naturwissenschaften gegeben, um darauffolgend einige Grundlagen naturwissenschaftlicher Inhalte zu beleuchten.

## 2.2 Exkurs: Grundlegende Denkprozesse wissenschaftlicher Erkenntnisgewinnung

Um naturwissenschaftliche Erkenntnisse zu gewinnen, bedient man sich zweier grundlegender Denkprozesse, nämlich der Induktion und der Deduktion (vgl. Dewey, 2009). Mit Hilfe dieser Denkprozesse werden Beobachtungen von Sachverhalten einerseits und konzeptuelle Vermutungen und Theorien über diese Sachverhalte andererseits miteinander verbunden.

Die Voraussetzung für eine Induktion ist das Erkennen von Mustern und Regelmäßigkeiten in den Beobachtungen von Sachverhalten:

- Beobachtung 1: kleines Holzstück schwimmt.
- Beobachtung 2: großes Holzstück schwimmt.
- Beobachtung 3: Holz mit Löchern schwimmt.

Auf der Grundlage dieser Erkenntnis wird eine Begriffsbildung oder Kategorisierung vorgenommen, mit der die Beobachtungen in eine Aussage zusammengefasst werden. Hier würde die Aussage lauten: „Alles aus Holz schwimmt". Diese Aussage wird häufig auch als ‚allgemeingültiger Satz' bezeichnet, der sich auch auf andere Beobachtungen aus der Vergangenheit („Ich habe schon letzte Woche ein Holzstück gesehen, das wäre wohl auch geschwommen.") oder Zukunft bezieht („Alles Holz, was ich in Zukunft sehen werde, wird schwimmen."). Induktion beschreibt also den Versuch, einen allgemeingültigen Satz zu finden, was allerdings nicht immer gelingen muss. Solche induktiv gewonnenen Sätze sind nämlich nur so lange allgemeingültig, wie sie nicht widerlegt oder erweitert wurden. Die Widerlegung oder Erweiterung kann mit der Denkbewegung der Deduktion erfolgen.

Deduktion geht von einem allgemeingültigen Satz aus, welcher zuvor entweder durch Induktion oder aus anderen Quellen, wie zum Beispiel aus der Lektüre von Theorien, gewonnen wurde. Mit dem deduktiven Denken wird aktiv nach weiteren Beobachtungen gesucht, die den ersten allgemeinen Satz eventuell widerlegen, modifizieren oder bestätigen. Es ergibt sich also ein neuer allgemeingültiger Satz.

> *Beispiel: Deduktion (1)*
>
> - Allgemeingültiger Satz: Alles aus Holz schwimmt.
> - Beobachtung x: Ich habe ein Holz, das nicht schwimmt.
> - Ergebnis/neuer allgemeingültiger Satz: Es gibt Holz, das schwimmt, und Holz, das sinkt.
>
> Hier wird der allgemeingültige Satz widerlegt und modifiziert. Natürlich muss nun erforscht werden, woran dies liegen könnte. Nach vielen Untersuchungen kann dann die Erkenntnis erlangt werden, dass das sinkende Holz Tropenholz ist.
>
> *Beispiel: Deduktion (2)*
>
> - Allgemeingültiger Satz: Alles was schwimmt, ist aus Holz.
> - Beobachtung x: Diese Kugel schwimmt, sie ist aber nicht aus Holz, sondern aus Styropor.
> - Ergebnis/neuer allgemeingültiger Satz: Holz und Styropor schwimmen.
>
> Hier wird der allgemeingültige Satz erweitert und modifiziert.

Deduktion beschreibt somit den Versuch, einen ersten allgemeingültigen Satz zu widerlegen, wobei auch dies nicht immer gelingen muss. Eine aktiv gesuchte neue Beobachtung kann auch zu einer Bestätigung eines induktiv gewonnenen ersten allgemeingültigen Satzes führen. Induktion und Deduktion ergänzen einander und werden benötigt, um in der Welt überhaupt zurechtzukommen. Je bewusster Induktion und Deduktion vollzogen werden, desto ‚wissenschaftlicher' ist das Denken. Der bewusste Einsatz von Induktion und Deduktion ist nach Dewey (2009) unabdingbar, um forschen zu können. Induktion und Deduktion bilden die Grundlage naturwissenschaftlicher Denk- und Arbeitsweisen.

## 2.3 Denk- und Arbeitsweisen in den Naturwissenschaften

### 2.3.1 Denk- und Arbeitsweisen

Naturwissenschaftlerinnen und -wissenschaftler bedienen sich typischer Denk- und Arbeitsweisen, wenn sie auf Verfahren der Erkenntnisgewinnung zurückgreifen. Eine Beschreibung von Denk- und Arbeitsweisen als allgemeine Verfahren der Erkenntnisgewinnung, die während einer Untersuchung angewandt werden, geht auf Dewey (2009) zurück und wird insbesondere auf Naturwissenschaften bezogen. Dazu gehören u. a. Beobachten, Ordnen, Fragen stellen, Vermuten und Überprüfen sowie Messen, Berechnen und Dokumentieren. Naturwissenschaftliche Erkenntnisgewinnung und die damit zusammenhängenden Denk- und Arbeitsweisen von Naturwissenschaftlerinnen und -wissenschaftlern unterscheiden sich nach Erkenntnisinteresse und Disziplin sowie in ihrer Komplexität, auch werden Denk- und Arbeitsweisen nicht in vorgegebener Abfolge oder immer gemeinsam eingesetzt. Im Folgenden werden ausgewählte Denk- und Arbeitsweisen aus naturwissenschaftlicher Perspektive skizziert (vgl. auch Steffensky & Hardy, 2013).

*Phänomene beobachten*: Beobachten geht über zufälliges sinnliches Wahrnehmen hinaus, ist zielgerichtet und nicht zufällig (z. B. ‚dieses Holz schwimmt'). Wissenschaftliches Beobachten ist im besten Fall wertfrei und unvoreingenommen, kann aber durch Erwartungen und Wissen der beobachtenden Person beeinflusst sein. Beobachtungen sollten nachprüfbar sein. Im wissenschaftlichen Beobachten wird deshalb versucht, die Bedingungen offenzulegen, unter denen das Beobachten stattfindet. Indem das zielgerichtete Beobachten eines bestimmten Sachverhalts wiederholt stattfindet, können unterschiedliche Beobachtungsstandpunkte untereinander verglichen werden. Im wissenschaftlichen Beobachten werden die Beobachtungsprozesse deshalb oft standardisiert, indem Beobachtungsinstrumente (z. B. differenzierte Beobachtungsfragen) nach einer bestimmten Vorgabe eingesetzt werden (z. B. die Beobachtung aus verschiedenen Blickwinkeln, unter bestimmten Beleuchtungsbedingungen).

*Fragen stellen*: Fragen sind sowohl Ausgangspunkt als auch Ergebnis von wissenschaftlichen Erkenntnisprozessen (z. B. schwimmt wohl dieses Holz auch?). Auch während eines Untersuchungsprozesses können u. U. neue Fragen entstehen, angepasst und verändert werden. Von den Fragen hängt ab, wie die Untersuchung geplant und mit welchen Methoden sie durchgeführt wird und nach welchen Kriterien ihre Ergebnisse geordnet und beurteilt werden.

*Gegenstände, Sachverhalte, Methoden ordnen und systematisieren*: Ordnen und Systematisieren sind wichtige Vorgehensweisen, um die Komplexität der Welt zu verringern und Ähnlichkeiten, Unterschiede sowie Zusammenhänge zu erkennen (z. B. kann Holz nach Größe, Form oder Gewicht geordnet oder nach dem Herkunftsbaum systematisiert werden). Fragen, Beobachtungen, Methoden und Ergebnisse von Untersuchungen müssen in bisherige wissenschaftliche Erkenntnisse eingeordnet werden, um sie zu interpretieren. Je nach Wissen und Erkenntnisinteresse können unterschiedliche Ordnungskriterien angewendet werden – dies führt auch zu unterschiedlichen Ergebnissen.

*Vermutungen formulieren*: Ohne Wissen ist es nicht möglich, Vermutungen aufzustellen (z. B. ich vermute, dass dieses Holz schwimmt). Wissenschaftliche Vermutungen (auch Hypothesen genannt) gründen demnach auf bisherigen wissenschaftlichen Erkenntnissen, die aus Theorien oder aus vorangegangenen Untersuchungen gewonnen wurden. In wissenschaftlichen Untersuchungen werden Vermutungen oft als Aussagesatz (s. o.) oder als Bedingungssatz (wenn dieses Objekt auch aus Holz ist, dann wird es schwimmen) formuliert. Vermutungen werden in wissenschaftlichen Untersuchungen überprüft, die zum Ziel haben, die Vermutung zu bestätigen oder zu verwerfen, ggf. die Vermutung anzupassen oder eine ganz andere Vermutung aufzustellen.

*Experiment planen*: Die Planung eines Experiments kann nur vor dem Hintergrund der gestellten Fragestellung und der formulierten Vermutung stattfinden

(z. B. sollen Holzobjekte nacheinander ins Wasser getaucht werden, um zu prüfen, ob es auf die Größe oder die Form ankommt, ob sie schwimmen oder sinken). Bei der Planung eines Experiments bestimmt die Fragestellung (z. B. was sinkt und was schwimmt), welche Variablen untersucht werden sollen und welche Methode dazu geeignet ist. Sollen mehrere Variablen (z. B. Größe oder Form) betrachtet werden, muss darauf geachtet werden, dass pro Beobachtungsdurchgang immer nur eine und nicht mehrere zeitgleich verändert werden. Soll beispielsweise untersucht werden, ob es auf die Größe oder Form ankommt, ob ein Holzstück schwimmt oder sinkt, wird zunächst nur die Größe des Holzstücks verändert, indem große und kleine Holzobjekte untersucht werden. Die andere Variable, die Form des Holzstücks (z. B. Kugel), wird dabei konstant gehalten. Nur wenn dieses Vorgehen auch bei komplexeren Experimenten (in den Naturwissenschaften sind es meist viel mehr als zwei Variablen) eingehalten wird, können aussagekräftige Ergebnisse erzielt werden. Deshalb werden Untersuchungspläne entworfen, die den Ablauf der Variationen beschreiben.

*Experiment durchführen*: Bei der Durchführung eines Experiments wird der Plan genau eingehalten. Dazu müssen Experimentiermaterialien, Untersuchungs- und Messgeräte sorgfältig, zielgerichtet und präzise gehandhabt werden. Die Belastbarkeit oder Sicherheit von Erkenntnissen aus solchen Versuchsreihen steigt, wenn sie wiederholt durchgeführt werden.

*Die ausgelösten Phänomene messen*: Die durch ein Experiment ausgelösten Phänomene müssen gemessen und dokumentiert werden (z. B. kann gemessen werden, welches der ausgewählten Objekte tiefer in das Wasser eintaucht, abhängig vom Material). Um messen zu können, müssen Maßeinheiten (z. B. Zentimeter, Gramm, früher auch Elle, Fuß) festgelegt werden. In den Naturwissenschaften werden heute geeichte Messgeräte genutzt, die eine hohe Genauigkeit ermöglichen. Trotz größter Sorgfalt kann nicht ausgeschlossen werden, dass ungenau gemessen wurde oder dass unberücksichtigte Sachverhalte, sog. Störvariablen, die geplante Untersuchung stören.

*Untersuchungen dokumentieren*: Untersuchungen müssen dokumentiert werden, damit sie nachvollzogen und wiederholt werden können und damit die Ergebnisse durch mehrere Prüfungen sicher vom Zufall abgegrenzt werden können (z. B. durch Fotos, Skizzen der Versuchspläne, durch Forscherprotokolle und Tabellen für die gemessenen Daten).

*Ergebnisse interpretieren und daraus schlussfolgern*: Die Dokumentation der gewonnenen Daten sowie der Schritte des Erkenntnisprozesses ermöglichen deren Interpretation und erlauben, daraus Schlussfolgerungen für nachfolgende Untersuchungen zu ziehen (z. B. zeigt die Dokumentation, dass es keine Rolle spielt, ob Holz groß, klein, rund, eckig oder löchrig ist – Holz schwimmt). Diese Schlussfolgerung wird oft als allgemeiner Satz (▶ Kap. 2.2) formuliert und dient in nachfolgenden Untersuchungen als Ausgangspunkt (gibt es vielleicht doch Holz, das nicht schwimmt?).

*Begründen*: In den Naturwissenschaften geht es nicht nur darum, Erkenntnisse zu gewinnen, sondern sie auch anderen mitzuteilen und diese vom Wert der eigenen Erkenntnisse zu überzeugen. Dies kann nur mit ausreichend begründeten Argumenten geschehen. Dafür sollte jeder Schritt des naturwissenschaftlichen Erkenntnisprozesses und auch die Interpretation des Ergebnisses begründet werden. Die Begründungen können sich auf Theorien, Erfahrungen oder auf andere Untersuchungen beziehen.

### 2.3.2 Untersuchung und Experiment

In Deweys Ansatz (und in viele weiteren) wird nicht zwischen Untersuchungen und Experimenten unterschieden. Obwohl Untersuchungen und Experimente nicht eindeutig voneinander zu trennen sind, wird im Folgenden zwischen Untersuchungen und Experimenten unterschieden, um im Hinblick auf die naturwissenschaftliche Bildung Klarheit zu schaffen (vgl. Steffensky & Hardy, 2013; Hartinger, Grygier, Tretter & Ziegler, 2013).

Wenn die Denk- und Arbeitsweisen einzeln oder im Verbund mit dem Ziel der Erkenntnisgewinnung eingesetzt werden, wird im Folgenden von Untersuchungen gesprochen. Dabei werden – im Unterschied zu den Experimenten – die Bedingungen der Untersuchungen nicht gezielt verändert. Untersuchungen bezeichnen also naturwissenschaftliche Vorgehensweisen im Allgemeinen.

> **Kasten 1: Untersuchung**
>
> Ein Beispiel für eine Untersuchung im Unterschied zu einem Experiment ist das Ordnen und Systematisieren von Phänomenen, wie sie beobachtet worden sind wie beispielsweise das Erstellen der Systematik der Lebewesen in der Biologie. Insbesondere in den Anfängen der wissenschaftlichen Biologie wurden, aber auch noch heutzutage werden Lebewesen über beobachtbare Merkmale in Gruppen eingeteilt: So unterscheiden sich z. B. Säugetiere von anderen Tieren dadurch, dass sie ihren Nachwuchs säugen und ihre Körpertemperatur unabhängig von der Außentemperatur konstant halten. Gliederfüßler (u. a. Insekten und Spinnentiere) haben einen in Segmenten gegliederten Körper mit einem Außenskelett; Nervensystem und Organe sind oft über mehrere Segmente verteilt. Werden neue Tiere entdeckt, werden diese genau beobachtet und in die vorhandene Tiersystematik eingeordnet.

Werden die Bedingungen der Untersuchungen gezielt verändert und angepasst, um eine Annahme zu überprüfen, wird im Folgenden der Begriff des Experiments verwendet. In Kasten 2 wird ein historisches Experiment beschrieben, mit dem ein zentraler physikalischer Inhalt, nämlich die Konstante der Erdanziehungskraft, systematisch untersucht wurde.

> **Kasten 2: Ein historisches Experiment von Galileo Galilei**
>
> Das Experiment von Galileo Galilei, bei dem er das Verhalten beim Fallen unterschiedlich schwerer Körper untersucht hat, gilt als ein historisches Experiment, in dem gezielt und systematisch die Untersuchungsbedingungen variiert wurden (vgl. Sexl, Raab & Streeruwitz, 1990). Damit wurde zunächst nur überprüft, ob schwere

> Körper rascher als leichte nach unten fallen. Die Ergebnisse bildeten eine wichtige Grundlage für die Bestimmung der Erdanziehungskraft.
> Aristoteles' Mechanik entspricht der (falsche) Gedanke, dass schwere Körper rascher als leichte nach unten fallen. Ausgehend von Beobachtungen stellte Galilei diese Vorstellung in Frage. Er führte gezielt Fallversuche durch und beobachtete sie – legendär ist die ihm zugeschriebene Untersuchung am schiefen Turm von Pisa. Hierbei beobachtete er, dass Körper trotz unterschiedlichen Gewichts nahezu gleichzeitig den Boden erreichen. Richtigerweise setzte er voraus, dass die Fallgesetze den langsamer ablaufenden Bewegungen auf der schiefen Ebene entsprechen: Die Vermutung, dass unterschiedlich schwere Körper gleich schnell fallen, sollte nun anhand von hunderten Experimenten an der schiefen Ebene mit unterschiedlichen Messmethoden bewiesen werden. Galilei benutzte hierzu eine sehr lange und glatte schiefe Bahn, auf der er glatt polierte Messingkugeln herunterrollen ließ. Die Messungen der Zeit, die die unterschiedlich schweren Kugeln für die immer gleich lange Strecke auf der schiefen Bahn benötigten, wurden von Galilei vermutlich zunächst mit dem eigenen Pulsschlag vorgenommen. Um die Zeit jedoch genauer erfassen zu können, erfand er eine Wasseruhr, deren Prinzip einer Sanduhr entsprach: Anhand der Menge des durchgelaufenen Wassers konnten die Zeiten verglichen werden, die die unterschiedlichen Kugeln benötigten. So konnte Galilei beweisen, dass unterschiedlich schwere Körper gleich schnell eine schiefe Bahn hinunterrollen.
> Die Zeitdauer, die unterschiedlich schwere Kugeln für eine identische Strecke benötigten, war zudem unabhängig von der Neigung der Bahn: Es ergab sich zwischen den beiden Kugeln kein Unterschied in der Geschwindigkeit, auch wenn die Bahnen steiler waren. Dass dieses Gesetz, dass es nicht auf das Gewicht des Gegenstands ankommt, wie schnell ein Gegenstand unten ankommt, auch auf den freien Fall zutrifft, da die Messungen unabhängig von der Neigung der Bahn waren, konnte aber von Galilei noch nicht abschließend bewiesen werden: In seinem Experiment wurde die konstante Größe der Erdanziehungskraft lediglich annähernd bestimmt, der methodische Ablauf der experimentellen Überprüfung und Erkenntnisgewinnung hat jedoch auch heute noch beispielhaften Bestand zur Illustration naturwissenschaftlicher Experimente.

### 2.3.3 Ein Erkenntniszirkel von Denk- und Arbeitsweisen

Die Denk- und Arbeitsweisen werden in der Naturwissenschaftsdidaktik häufig als Kreislauf dargestellt und auf Unterrichtsexperimente bezogen. Dieser darf keinesfalls als geradlinige Abfolge von Schritten missverstanden werden, die stets realisiert werden sollen. Vielmehr ist es nur ein Modell eines möglichen Vorgehens bei der theoriegeleiteten Erkenntnisgewinnung. Wie bereits angesprochen, zeigt auch die historische Sicht auf Denk- und Arbeitsweisen, dass die Erkenntnisgewinnung nicht einem schematischen Ablauf entspricht (Janich, 1997). Dennoch ist die Systematisierung von Denk- und Arbeitsweisen in der Didaktik weit verbreitet, und es existieren unterschiedliche Fassungen, vgl. z. B. Frischknecht-Tobler und Labudde (2010) oder Chicago Science Group (2015). Im Folgenden wird anhand des Beispiels ‚Schwimmen und Sinken' der Erkenntniszirkel (▸ Abb. 1) differenziert und illustriert.

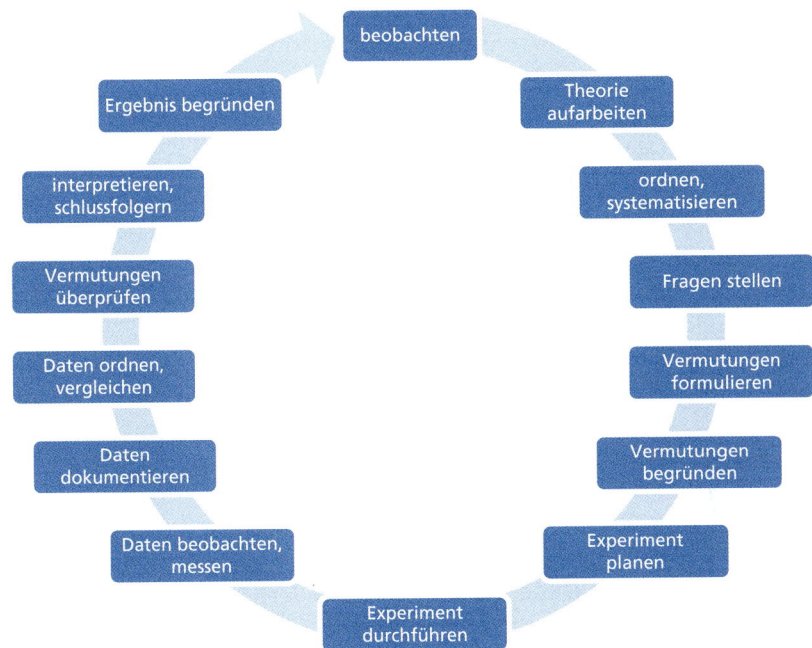

**Abb. 1:** Naturwissenschaftliche Denk- und Arbeitsweisen als Erkenntniszirkel.

Um das naturwissenschaftliche Wissen von Kindern beispielsweise zum Schwimmverhalten von Objekten weiterentwickeln zu können, werden Experimente durchgeführt, deren Verfahren jedoch nicht standardisiert sind. Dennoch können einzelne Aspekte auf einfache Weise gezielt verändert werden, indem z. B. die Wasserdichte über den Salzgehalt (Salzwasser, Süßwasser), die Form (Kugel, Würfel, Stab, Ring), die Größe (groß, klein) oder das Material (Holz, Styropor, Metall) variiert werden. Dies kann auch von Kindern im KiTa-Alter bewältigt werden (Leuchter, Saalbach & Hardy, 2011).

Der naturwissenschaftsdidaktisch verstandene Prozess der Erkenntnisgewinnung beinhaltet in einem ersten Schritt die Beobachtung und Beschreibung eines Phänomens und das Erkennen einer Problemstellung (kleine Objekte können schwimmen oder sinken – gilt das für alle Materialien und alle Formen?). Es kann auch eine ganz einfache Theorie genannt werden, z. B. „Objekte können aus unterschiedlichem Material sein, ihre Form und Größe kann sich unterscheiden". Danach folgt das frage-/theoriebasierte Ordnen und Systematisieren von Teilphänomenen (die Objekte werden zunächst nach Größe, dann nach Form und zuletzt nach Material geordnet). Das dient dem Zweck, daraus theoretisch begründete Vermutungen ableiten zu können, aufgrund derer Experimente geplant und durchgeführt werden (z. B. Schwimmen und Sinken von Hohlkörpern vs. Vollkörpern in verschiedenen Materialien und Größen). Die gezielte Beobachtung und Dokumentation von Daten, deren Ordnung und Vergleich sind dabei essentiell für das Überprüfen der Vermutungen und deren Interpretation. Der Erkenntnisprozess wird durch die Interpretation der Erkenntnisse, deren Bewertung und Kommunikation so weit abgeschlossen, dass sie die Grundlage für weitere Theorien (z. B. Dichte, Auftrieb) und für fortführende Untersuchungen bilden. Aspekte dieser Phänomene können darauf aufbauend in späteren Schulstufen mit Hilfe mathematischer Methoden untersucht werden, indem beispielsweise Materialien aufgrund ihres Verhaltens in Wasser klassifiziert, ihre Dichte in Ziffern ausgedrückt und der Dichte von Wasser gegenübergestellt werden.

Das genannte Beispiel illustriert, dass naturwissenschaftliche Denk- und Arbeitsweisen mit konkreten naturwissenschaftlichen Inhalten einhergehen müssen. Im Folgenden wird versucht, naturwissenschaftliche Inhalte zu umreißen.

## 2.4 Naturwissenschaftliche Inhalte

Menschen nehmen eine Vielzahl von natürlichen Phänomenen sinnlich wahr, beispielsweise ist nachts der beleuchtete Mond zu erkennen, im Wald können Pflanzen gerochen, gesehen und erfühlt und Tiere gehört werden. Das Erleben der Phänomene mit allen Sinnen ist eine wichtige Grundlage, damit diese zu naturwissenschaftlichen Inhalten werden können. Phänomene der Natur an und für sich sind jedoch keine naturwissenschaftlichen Inhalte, bergen aber das Potential, naturwissenschaftliche Inhalte zu werden. Mond, Wald oder Tiere werden erst zu einem naturwissenschaftlichen Inhalt, wenn Kindern ein Zugang, eine Methode, ein Mittel gezeigt wird, mit dem sie etwas entdecken können, das mit dem unmittelbaren Einsatz der Sinne allein nicht erfasst wird. Phänomene der Natur müssen mit einer bestimmten Theorie in Verbindung gebracht werden, damit naturwissenschaftliches Wissen gewonnen wird und aus Natur Naturwissenschaften werden können. Darüber hinaus beinhaltet der Prozess der Wissensgewinnung den bewussten Einsatz von Denk- und Arbeitsweisen. Um also Naturwissenschaften an Phänomenen der Natur betreiben zu können, ist sowohl bewusster Rückgriff auf Theorien als auch der Einsatz von Denk- und Arbeitsweisen für den einzelnen Forschenden und für die Forschungsgemeinschaft unabdingbar.

Aus der Anwendung von naturwissenschaftlichen Denk- und Arbeitsweisen auf natürliche Phänomene ergeben sich also naturwissenschaftliche Inhalte. Dazu gehören Phänomene der belebten und unbelebten Natur. Unter belebter Natur werden z. B. Tiere und Pflanzen verstanden, unter unbelebter Natur z. B. unterschiedliche Materialien, Flüssigkeiten oder Gase. Einen allgemeinen Konsens über die Klassifizierung der Naturwissenschaften gibt es nicht, jedoch haben sich sog. Einzelwissenschaften herauskristallisiert. Dazu zählen u. a. die Physik, Chemie, Biologie, Geographie oder Geologie.

Naturwissenschaftliche Inhalte umfassen also Phänomene, die mit theoretisch fundierten Denk- und Arbeitsweisen untersucht worden sind. Diese münden in Konzepte, mit denen naturwissenschaftliche Phänomene erklärt werden können

(▶ Kap. 5). Über die naturwissenschaftlichen Einzelwissenschaften hinweg scheinen unausgesprochen Konzepte zu bestehen, die für alle gleichermaßen wichtig sind. Das naturwissenschaftliche Konzept ‚Material' ist wichtig für das Verständnis von unterschiedlichen physikalischen Eigenschaften wie Schwimmen und Sinken, chemischen Reaktionen wie Schmelzen und Verdampfen und biologischen Charakteristiken von Lebewesen (Dickinson, 1987). Andere Konzepte sind insbesondere im technischen oder physikalischen Bereich zentral, wie z. B. Stabilität oder Energie.

Die hier angeführten Überlegungen zeigen, dass die Auswahl oder Empfehlung, welche naturwissenschaftlichen Inhalte für die elementare Bildung in der KiTa geeignet sein könnten, äußerst schwierig ist. Naturbegegnungen sind ein wichtiges Instrument der Kindergartendidaktik und Grundlage für die naturwissenschaftliche Bildung. Jedoch weist der hier postulierte Einsatz von systematischen Denk- und Arbeitsweisen als Kern der naturwissenschaftlichen Grundbildung darauf hin, dass naturwissenschaftliche Bildung nicht nur aus Naturbegegnungen bestehen kann und der naturwissenschaftlichen Bildung in der KiTa Grenzen gesteckt sind. Um naturwissenschaftliche Bildung in der KiTa zu ermöglichen, müssen geeignete Inhalte sorgfältig ausgewählt werden.

Eine gute Voraussetzung für die naturwissenschaftliche Bildung in der KiTa bieten Inhalte, in denen die Kinder schon vielfältige Erfahrungen gemacht haben und sie somit über bestimmte (wenn auch einfache und womöglich auch unvollständige oder fehlerhafte) Theorien verfügen. Ein wichtiger Anhaltspunkt sind naturwissenschaftliche Konzepte, die für verschiedene naturwissenschaftliche Inhalte relevant sind. Im Folgenden werden drei naturwissenschaftliche Konzepte exemplarisch dargestellt, die sich für eine naturwissenschaftliche Bildung in der KiTa bereits bewährt haben.

## 2.5 Drei exemplarische naturwissenschaftliche Konzepte für die KiTa

Drei naturwissenschaftliche Konzepte, die in der elementaren Bildung leicht thematisiert werden können, sind Material, Stabilität und Energie, da das zur Bearbeitung benötigte Material meist in Form von Spielmaterialien in der KiTa vorhanden ist. Die im Folgenden vereinfachten Beschreibungen dieser Konzepte sollen der pädagogischen Fachkraft als Information zum fachlichen Hintergrund dienen und nicht etwa als Lernziele für die elementare Bildung missverstanden werden. Die später im Buch beschriebenen Beispiele zeigen auf, wie die drei Konzepte kindgerecht bearbeitet werden können (▶ Kap. 9).

### 2.5.1 Material

Das Verständnis dafür, dass es unterschiedliche Materialien gibt, die sich je nach Situation oder Behandlung unterschiedlich verhalten, ist ein zentrales naturwissenschaftliches Konzept. Es wird vermutet, dass dieses Verständnis das weitere Lernen naturwissenschaftlicher Inhalte oder naturwissenschaftlichen Denkens unterstützt (Dickinson, 1987; Smith, Carey & Wiser, 1985). Das Materialkonzept kann z. B. im Kontext von ‚Schwimmen und Sinken' angebahnt werden. Dabei müssen Vollkörper von Hohlkörpern unterschieden werden: Vollkörper sind z. B. Klötze, Kugeln, Messer, Gabeln, und Ringe. Hohlkörper sind z. B. Schiffe, Boote oder Schüsseln, auch der vordere Teil eines Löffels ist ein Hohlkörper. Das unterschiedliche Schwimmverhalten von Vollkörpern hängt von der Dichte ihres Materials im Verhältnis zur Dichte des Wassers ab: Ist die Dichte des Materials größer als die Dichte des Wassers, geht das Material unter, ist die Dichte kleiner als die des Wassers, schwimmt das Material (Sexl et al., 1990). Bei Hohlkörpern wird die Luft, die der Hohlkörper umschließt, einbezogen und man spricht von ‚mittlerer Dichte'.

Vollkörper aus unterschiedlichem Material verhalten sich im Wasser unterschiedlich, unabhängig von ihrer Form, ihrer Größe und ihrem Gewicht. Ein sehr großer Baumstamm aus Holz schwimmt also genau so wie ein kleiner Zahnstocher oder ein Holzring; eine Metallkugel geht genauso unter wie eine Metallplatte oder eine Metallnadel. Die Dichte von Metall ist also größer als die Dichte des Wassers, die Dichte von Holz aber kleiner als die Dichte des Wassers. Bei Hohlkörpern ist es anders: Ein Metallschiff wird schwimmen können, wenn es so viel Luft umschließt, dass seine mittlere Dichte kleiner als die Dichte des Wassers ist.

### 2.5.2 Stabilität

Stabilität kann in verschiedensten Kontexten begegnet werden: in der Architektur, in der Natur und auch beim Bauen mit Bauklötzen. Daran lässt sich das zentrale physikalische Konzept des Gleichgewichts der Kräfte erleben: Ein Objekt verharrt solang stabil an einem Ort, solang an ihm ein Gleichgewicht der Kräfte herrscht. Auch in wenig komplexen Situationen kann das Phänomen beobachtet werden: Liegt ein Buch auf einem Tisch und ragt seitlich über dessen Kante hinaus, bleibt es liegen, solang die Gewichtskraft des Buches innerhalb seiner Auflagefläche wirken kann. Das kann die Gewichtskraft jedoch nur, solange der Massenmittelpunkt des Buches (der mit seiner geometrischen Mitte, also dem ‚optischen' Mittelpunkt, übereinstimmt) noch auf dem Tisch aufliegt. Liegt der Massenmittelpunkt des Buches jedoch nicht mehr über dem Tisch, kommt das Buch aus dem Gleichgewicht: Es fällt auf den Boden, wo wieder ein Gleichgewicht der Kräfte herrscht, solang das Buch liegen bleibt.

Der Massenmittelpunkt ist also entscheidend für das Gleichgewicht von Objekten. Um die Stabilität von Objekten jedoch genauer zu analysieren, ist es notwendig, symmetrische und asymmetrische Objekte zu unterscheiden. Bei symmetrischen Objekten, wie z. B. einem Buch, fallen Massenmittelpunkt und geometrische Mitte zusammen. Bei asymmetrischen Objekten (z. B. einem Bauklotz, der wie ein schiefes Dach geformt ist), ist dies hingegen nicht der Fall: Hier ist der Massenmittelpunkt zu dem Objekt-Ende mit mehr Masse verschoben (meistens ist dies das größere oder dickere Ende) und stimmt also nicht mit der geometrischen Mitte überein (Tipler, 1994). Zur erfolgreichen Beurteilung der Stabilität symmetrischer Objekte ist die Orientierung an der geometrischen Mitte hinreichend, da Massenmittelpunkt und geometrische Mitte übereinstimmen. Bei asymmetrischen Objekten muss hingegen die geometrische Mitte außer Acht gelassen werden und stattdessen der Massenmittelpunkt berücksichtigt werden, um die Stabilität korrekt zu beurteilen (▶ Kap. 4.3.2–Kap. 4.3.5).

### 2.5.3 Energie

Energie ist ein zentrales physikalisches Konzept, mit dem sowohl Kinder als auch Erwachsene viele Missverständnisse verbinden (Crossley & Starauschek, 2010). Sie denken beispielsweise, dass Energie verbraucht werden kann oder dass Energie erhöht werden kann. Im physikalischen Sinne kann dies jedoch nicht sein, sondern Energie bleibt immer erhalten: Energie wird immer in andere Energie umgewandelt. Beispielsweise wird Bewegungsenergie (eine Kugel, die rollt) in Reibungsenergie umgewandelt, wenn die Kugel abgebremst wird: Sie rollt langsamer und kommt am Schluss zum Stillstand (siehe das Beispielexperiment in ▶ Kap. 2.3.2 und die Hinweise in ▶ Kap. 4.3.6 und Kap. 4.3.7).

Einem Objekt kann beispielsweise Energie zugeführt werden, indem es angehoben wird. Wird also eine Kugel auf einer schiefen Ebene angehoben (z. B. mit Muskelenergie), so wird ihr Energie zugeführt. Diese zugeführte Energie wird dann als *potenzielle Energie* bezeichnet, die die Kugel in der neuen Lage hat. Wird die Kugel nun auf der schiefen Ebene losgelassen, rollt die Kugel die schiefe Ebene hinunter: Die potenzielle Energie der Kugel, die ihr durch das Hochheben zugeführt wurde, wird in *Bewegungsenergie* umgewandelt. Die Kugel rollt so lange, bis die *Reibungsenergie* die Kugel abgebremst hat, dabei entsteht zusätzlich *Wärmeenergie*. Steht der Kugel aber z. B. eine Wand im Weg, wird ihre Bewegungsenergie abrupt in *Verformungsenergie* umgewandelt: Die Wand bekommt eine Delle, die sich für einen ganz kurzen Moment warm anfühlt (Wärmeenergie). In Bezug auf die potenzielle Energie an der schiefen Ebene spielt die Neigung der schiefen Ebene keine Rolle für die Folgen der Energieumwandlung. Einzig die Ausgangshöhe der Kugel hat einen Einfluss darauf, wie hoch die potenzielle Energie der Kugel ist. Dies zeigt sich darin, dass Kugeln, wenn sie unter sonst gleichen Bedingungen unterschiedliche hohe Bahnen hinunterrollen, gleich lange in Bewegung bleiben, solange die gleiche Reibungsenergie auf sie wirkt (vgl. Tipler, 1994).

## 2.6 Naturwissenschaftliche Tätigkeiten – ein Definitionsversuch

Die hier nur in Ansätzen dargestellte Diskussion hat gezeigt, dass es weder abgeschlossene Aussagen dazu gibt, was Naturwissenschaften sind, noch dazu, wie wissenschaftliche Arbeit auszusehen hat. Eine gültige Definition liegt nicht vor. Naturwissenschaftliches Arbeiten durchläuft nicht jeden Schritt der Denk- und

Arbeitsweisen. Darüber hinaus hat es sich als schwierig erwiesen, naturwissenschaftliche Inhalte hinreichend zu definieren. Wie die Beschäftigung mit den Erkenntnisprozessen und den Denk- und Arbeitsweisen gezeigt hat, ist jedoch nicht jedes Tun, jedes Ausprobieren eine Untersuchung oder ein Experiment im wissenschaftlichen Sinne: Naturwissenschaftliche Tätigkeiten sind nämlich mit dem Streben nach Erkenntnis verbunden.

Für das weitere Nachdenken über Naturwissenschaften in diesem Band wird folgende Position eingenommen: Naturwissenschaftliche Tätigkeiten sind dadurch gekennzeichnet, dass sie nach Erkenntnis über Phänomene der Natur streben und einzelne der oben beschriebenen Denk- und Arbeitsweisen, Teile oder den gesamten Erkenntniszirkel beinhalten. Dadurch können sie von anderen – nicht naturwissenschaftlichen – Tätigkeiten abgegrenzt werden. Dies führt zur folgenden Minimaldefinition als Grundlage von naturwissenschaftlicher Grundbildung in der KiTa:

> **Kasten 3: Naturwissenschaftliche Tätigkeit – Untersuchung – Experiment**
>
> Eine naturwissenschaftliche Tätigkeit liegt dann vor, wenn der Einsatz einer der Denk- und Arbeitsweisen im Zusammenspiel mit naturwissenschaftlichen Phänomenen identifiziert werden kann, wie z. B. Beobachten, Fragenstellen, Ordnen und Systematisieren, Formulieren von Vermutungen, Durchführen eines Experiments oder einer Untersuchung (einschließlich Planung, Durchführung und Ergebnisdokumentation), Interpretation von Studienergebnissen, Kommunikation von Erkenntnissen. Werden solche Denk- und Arbeitsweisen einzeln oder verknüpft eingesetzt, um zu neuen Erkenntnissen zu gelangen, wird von einer Untersuchung gesprochen. Werden die Bedingungen der Untersuchung gezielt manipuliert, um eine theoriegeleitete Aussage zu prüfen, wird dies als Experiment verstanden.

## 2.7 Schlussfolgerungen im Hinblick auf eine Naturwissenschaftsdidaktik für die KiTa

In Bezug auf die didaktische Umsetzung in der KiTa führt die oben genannte Definition zur Schlussfolgerung, dass allein das Staunen über ein Phänomen noch keine naturwissenschaftliche Tätigkeit ist. Ebenfalls sind Tun und Ausprobieren, auch wenn sich diese Tätigkeiten auf Naturphänomene beziehen, kein Experiment. Das Werfen von Steinen in den See ist an und für sich kein Experiment im naturwissenschaftlichen Sinn, genauso wenig wie das Planschen im Wasser oder das Spiel im Sand eine Untersuchung im wissenschaftlichen Sinne ist. Diese Erlebnisse stellen jedoch elementare Erfahrungen dar, die den Kindern in der KiTa unbedingt ausreichend ermöglicht werden sollten. Sie sind ein wichtiger Ausgangspunkt dafür, dass Kinderfragen entstehen, die eine gute Grundlage für das naturwissenschaftliche Arbeiten sein können.

Didaktisch stellt sich die Frage, wie Kinder dabei unterstützt werden können, spezifische Phänomene in Verbindung mit naturwissenschaftlichen Denk- und

Arbeitsweisen zu betrachten. Reicht das Eingehen auf spontane Kinderfragen und deren situative Bearbeitung für eine naturwissenschaftliche Grundbildung aus? Wie wird aus dem Erleben von Sinneserfahrungen ein Verlangen nach neuem Wissen? Wie wird aus dem Ausprobieren und Tun der Kinder die Anwendung einer der beschriebenen Denk- und Arbeitsweisen, die jenseits des sinnlichen Erlebens neues Naturwissen schafft?

*Eingehen auf spontane Kinderfragen und deren situative Bearbeitung*: Es ist nicht immer möglich, Kinderfragen als Bildungsgelegenheiten zu nutzen. Kinder stellen häufig Fragen, die im Moment nicht bearbeitet werden können. Vielfach ist dies nicht möglich, weil praktische Gründe dies nicht erlauben (z. B. wenn Kinder im Winter Fragen über Schmetterlinge stellen) oder weil die erwachsene Person keine befriedigende Erklärung geben kann. Manchmal betreffen Fragen Dinge oder Ereignisse, welche die Kinder vor einiger Zeit erlebt und wahrgenommen haben. Sie beschreiben beispielsweise, dass sie einen Stein ins Wasser geworfen und Kreise gesehen haben.

Kinder können schwierig zu bearbeitende Fragen auch während einer Handlung stellen. Beim Spaziergang am See können Kinder beispielsweise fragen, ob der Stein Wellen erzeugt, die auch auf der anderen Seite des Sees zu beobachten sind. Es ist gut möglich, dass in diesem Augenblick die Neugierde des Kindes nicht befriedigt werden kann und es keine Möglichkeit gibt, sofort eine Antwort auf diese Frage zu geben. Manchmal sind diese Fragen später schon vergessen und müssen neu belebt werden, damit sie z. B. zum Ausgangspunkt eines ‚Projekts' in der KiTa gemacht werden können. Zentrale Voraussetzung eines naturwissenschaftlichen Projekts in der KiTa ist also nicht allein eine vorhandene Frage, sondern auch die Vorbereitung der pädagogischen Fachkraft.

Fragen der Kinder können auch einen Inhaltsbereich betreffen, der so komplexe Hintergründe aufweist, dass erwachsene Personen sie nicht adäquat beantworten können, sei es, weil sie es selbst nicht wissen, sei es, weil sie nicht altersgerecht bearbeitbar sind. Hierzu gehört z. B. die Frage: „Warum sehen wir manchmal den Mond nur halb?" Viele erwachsene Personen verfügen hier über Fehlvorstellungen und meinen, dass dies so sei, weil die Erde im Weg sei (Zeilik, Schau & Mattern, 1998). Auch wenn das Fachwissen der pädagogischen Fachkraft ausreichend ist und sie weiß, dass nur ein Teil des Mondes von der Sonne beschienen wird, muss bei den Kindern zu viel Wissen und räumliches Vorstellungsvermögen vorausgesetzt werden, um diese Antwort überhaupt verstehen zu können. In diesem Fall ist es besser, den Kindern zu sagen, dass man das nicht beantworten könne, und sie dazu aufzufordern, ihre Fragen und Vorstellungen, ihre Beobachtungen und Gedanken beispielsweise zu zeichnen. So kann das Bedürfnis der Kinder aufgenommen werden, sich mit diesen Fragen auf einer anderen Ebene, beispielsweise der ästhetischen, zu beschäftigen, ohne dass möglicherweise falsches Wissen im Sinne der oben genannten Fehlvorstellung aufgebaut wird, das im ungünstigen Fall stabil bleibt und später nicht weiterentwickelt werden kann (▶ Kap. 5.2).

*Ausprobieren und Tun der Kinder im Hinblick auf Naturwissenschaften*: Aus dem Ausprobieren und dem Tun der Kinder wird erst dann Naturwissenschaft, wenn naturwissenschaftliche Denk- und Arbeitsweisen ins Spiel kommen. Dabei müssen nicht alle Denk- und Arbeitsweisen im jeweiligen Angebot durchgearbeitet werden. Die Auswahl einzelner, die Vertiefung der einen oder anderen Denk- und Arbeitsweise sind durchaus gerechtfertigt. Naturwissenschaftliche Denk- und Arbeitsweisen können auch an einem Inhalt erarbeitet werden, der den Kindern kaum zu erklären ist. Wie das folgende Beispiel zeigt, ist auch im Kontext der Erzeugung von Wellen (einem komplexen physikalischen Phänomen, das naturwissenschaftlich immer noch nicht vollständig erklärt werden kann), die Einführung von Denk- und Arbeitsweisen möglich.

> *Beispiel: Wie man naturwissenschaftliche Denk- und Arbeitsweisen einführen kann*
> *Beobachten* beinhaltet genaues Betrachten, Wahrnehmen von Einzelheiten und Erkennen von Gemeinsamkeiten und Differenzen und geht über sinnliche Wahrnehmung hinaus. Die Beobachtung bietet sich beispielsweise an, wenn Steine in einen See geworfen werden und konzentrische Wellen entstehen. Die Beobachtung wird jedoch von den Kindern nicht immer selbst geleistet. Auch wenn sie den Stein werfen und hinschauen, heißt das nicht, dass die Kinder beobachten. Beim Steinewerfen müssen Kinder meist von der pädagogischen Fachkraft auf die Entstehung der konzentrischen Wellen und ihr langsames Verschwinden aufmerksam gemacht werden, damit sie beobachten können.
> *Fragen stellen:* Nun können die Kinder anfangen, qualifizierte Fragen zu stellen, z. B.: „Machen die Steine Wellen?". Fragen von der pädagogischen Fachkraft und das Gespräch über die gemachten Beobachtungen bringen die Kinder dazu, über das bloße Tun hinauszuwachsen, z. B.: „Was siehst du, wie viele Wellen sind es? Wie groß sind die Wellen?"
> *Ordnen und Systematisieren:* Beim Steinewerfen kann das Ordnen und Systematisieren angeregt werden, indem unterschiedlich geformte, große oder schwere Steine gesammelt und geordnet werden. Ist dies gemacht, kann daraus eine genuin naturwissenschaftliche Frage entstehen, die im weiteren Verlauf auch auf einfache Weise bearbeitbar ist: Kommt es auf die Größe des Steins an, wie groß die Wellen werden, wie lange sie sichtbar sind? Oder spielt die Farbe eine Rolle, oder gar die Form? Es kann nicht vorausgesetzt werden, dass diese Fragen von den Kindern kommen, häufig müssen sie von den pädagogischen Fachkräften gestellt werden.
> *Vermuten:* Nach dem Ordnen und Systematisieren und dem Fragenstellen können Vermutungen formuliert und begründet werden, z. B. große Steine machen andere Wellen als kleine Steine. Auch hier muss die pädagogische Fachkraft sprachliche Angebote machen, damit die Kinder dies leisten können. Beispielsweise kann sie selbst eine Vermutung anstellen („Ich vermute, es kommt auf die Größe des Steins an, wie groß die Wellen werden.") und danach die Kinder zu ihren Vermutungen befragen. Die Vermutungen müssen nicht richtig, sondern nur überprüfbar sein.
> *Experiment planen:* Anschließend kann ein Experiment geplant werden, bei dem beispielsweise ein sehr großer und ein sehr kleiner Stein ins Wasser geworfen werden sollen.
> *Experiment durchführen:* Mit Hilfe der pädagogischen Fachkraft werden nun die beiden Steine nacheinander ins Wasser geworfen. Dabei muss darauf geachtet werden, dass mit dem nächsten Stein solange gewartet wird, bis das Wasser wieder ruhig geworden ist: Dies erfordert eine aktive Rolle der pädagogischen Fachkraft.
> *Messen:* Die durch das Experiment ausgelösten Phänomene (hier die Größe der konzentrischen Kreise) können beobachtet werden. Die Messung kann nicht ge-

nau sein; aber obwohl geschätzt werden muss, können relevante Wörter, die beim Messen auch benutzt werden, eingeführt werden, z. B.: ‚größer/kleiner als', ‚weiter weg', ‚näher', ‚ungefähr'.
*Dokumentieren*: Fotos können die Untersuchungen und Experimente dokumentieren. Sie sind eine Grundlage dafür, nach einem Vergleich und nach einer Ordnung der Phänomene zu suchen oder die Vermutungen, ob z. B. Größe, Gewicht oder Farbe der Steine die Größe oder Menge der Wellen bestimmen, in der KiTa in Ruhe zu überprüfen.
*Interpretieren, schlussfolgern*: Die Interpretation der Fotos (Ergebnisse) könnte zur Schlussfolgerung führen, dass z. B. die Farbe der Steine keinen Einfluss auf die Größe der Wellen hat.
*Begründen*: Die Interpretation der Ergebnisse müssen begründet werden – einerseits um sie auf die ursprüngliche Fragestellung zurückzuführen („Wenn sie ins Wasser geworfen werden, machen Steine Wellen. Vermutlich machen sie große Wellen, wenn sie groß sind, und kleine Wellen, wenn sie klein sind."), andererseits um weiterführende Fragen zu finden. Anschließend bietet es sich nämlich an, unterschiedliche Materialien in verschiedenen Größen daraufhin zu untersuchen, ob sie auch Wellen verursachen und wie groß diese Wellen sind. Das Beispiel von Galilei (▶ Kasten 2) erinnert daran, dass die gleichen Experimente viele Male in der gleichen Art und Weise wiederholt werden sollten, um festzustellen, ob ein einmal beobachteter Effekt auch wiederholt und systematisch auftritt. Die Wiederholung macht den Kindern übrigens auch außerordentlich Spaß und erhöht ihr Kompetenzerleben.

Drei- bis sechsjährige Kinder schaffen es oft nicht, sich auf eine längere, vollständige Untersuchung einzulassen. Dann bietet sich an, den Fokus auf eine Denk- und Arbeitsweise zu legen, beispielsweise auf das Beobachten oder auf das Ordnen und Systematisieren. Wichtig ist, dass die Denk- und Arbeitsweisen von der pädagogischen Fachkraft angeregt und unterstützt werden, denn Kinder lernen erst ab dem Alter von vier Jahren ihre Handlungen systematisch zu planen.

Um Kindern naturwissenschaftliche Inhalte sowie Denk- und Arbeitsweisen näher zu bringen, ist es notwendig, dass eine pädagogische Fachkraft nicht nur die Wissenslücken der Kinder, sondern auch ihre eigenen Wissenslücken in Erfahrung bringt. Erst dann wird es der pädagogischen Fachkraft möglich, Angebote zu planen, zu organisieren, durchzuführen und die Kinder dabei angemessen anzuregen und zu begleiten. Im Idealfall hat die pädagogische Fachkraft ein ausreichendes Verständnis des naturwissenschaftlichen Inhalts. Wenn die pädagogische Fachkraft über genügend Wissen in einem Bildungsbereich verfügt, ist sie in der Lage, das naturwissenschaftliche Potenzial eines Phänomens in der KiTa optimal zu nutzen (hier z. B. zum Phänomen ‚Vollkörper schwimmen oder sinken' das naturwissenschaftliche Potenzial ‚Es hängt vom Material ab, ob Vollkörper schwimmen oder sinken', ▶ Kap. 2.5.1, sowie ausgewählte Denk- und Arbeitsweisen, ▶ Kap. 2.3.1). Pädagogische Fachkräfte müssen demnach ihr Wissen im naturwissenschaftlichen Bereich einschätzen und ggf. auch gegenüber den Kindern zugeben können, dass sie keine Antwort auf eine Frage wissen. Das ist gerade aus wissenschaftlicher Sicht eine wertvolle Antwort, da auch Wissenschaftlerinnen und Wissenschaftler immer wieder dazulernen müssen und keineswegs alles wissen. Sie sollte jedoch nicht der Endpunkt sein: Die eigene Weiterbildung im fachlichen Bereich, der Erwerb vernetzten Wissens zu den interessierenden Phänomenen und die Pflege der eigenen Neugierde sind zentrale Voraussetzungen dafür, den Kindern in alters- und inhaltsangemessener Sprache naturwissenschaftliche Phänomene näherzubringen.

Eine didaktische Interpretation der Phänomene und der Denk- und Arbeitsweisen ist jedoch nicht allein bestimmend für eine naturwissenschaftliche Bildung. Die Frage, die ebenfalls Antworten darauf ermöglicht, ist nämlich: Was erwarten Fachleute aus den Naturwissenschaften und Bildungspolitiker von einer frühen naturwissenschaftlichen Bildung? Diese Frage wird im nächsten Kapitel erörtert.

## 2.8 Weiterführende Literatur

Dewey, J. (2009). *Wie wir denken*. Zürich: Pestalozzianum.
Ein anspruchsvoller und erhellender Klassiker, der das Denken und insbesondere Induktion und Deduktion in den Blick nimmt.
Frischknecht-Tobler, U. & Labudde, P. (2010). Beobachten und Experimentieren. In P. Labudde (Hrsg.), *Fachdidaktik Naturwissenschaft. 1.–9. Schuljahr* (S. 133–148). Bern: Haupt.
Dem fachdidaktischen Blick auf das Beobachten und Experimentieren folgen praktische Übungsbeispiele für die Grundschule.
Janich, P. (1997). *Kleine Philosophie der Naturwissenschaften*. München: C. H. Beck.
Hier werden wissenschaftstheoretische Fragestellungen eingängig erklärt.
Steffensky, M. & Hardy, I. (2013). *Spiralcurriculum Magnetismus: Naturwissenschaftlich arbeiten und denken lernen. Bd. 1: Elementarbereich*. Seelze: Friedrich. Verfügbar unter: http://www.caritas-coesfeld.de/hilfen/behinderung/caritaswerkstaetten/magnetismus/elem¬entarbereich/elementarbereich [07.07.2016].
Knapp und klar beschriebene Denk- und Arbeitsweisen mit einer exemplarischen Verknüpfung zum Inhaltsbereich Magnetismus. Enthält eingehend beschriebene Angebote für die KiTa, und es können dazugehörige, strukturierte Materialien für den Einsatz in der KiTa erworben werden.

# 3 Fachliche und bildungspolitische Richtlinien und Ziele einer frühen naturwissenschaftlichen Bildung

Die Begründung der Forderung nach naturwissenschaftlicher Bildung in der frühen Kindheit wird im Folgenden aus einem fachlichen und einem bildungspolitischen Blickwinkel erläutert. Als erstes wird das fachliche Konzept *Scientific Literacy* vorgestellt (▶ Kap. 3.1), danach werden aktuelle bildungspolitische Richtlinien und Ziele einer frühen naturwissenschaftlichen Bildung erörtert (▶ Kap. 3.2). Dabei wird sich zeigen, dass die Interpretation der Bildungsziele stark durch gesellschaftliche Vorstellungen über das Kind und seine Bedürfnisse geprägt wird (▶ Kap. 3.3) und dass diese wiederum die den pädagogischen Fachkräften zugedachte Rolle auch in einer naturwissenschaftlichen Bildung beeinflussen (▶ Kap. 3.4).

## 3.1 Scientific Literacy als fachliche Richtlinie

Um die Frage zu beantworten, welche übergreifenden Ziele im Bereich der Naturwissenschaften gelten, wird in der fachlichen Diskussion seit den 1950er Jahren das Konzept der *Scientific Literacy* hinzugezogen. Mit *Literacy* wird, bezogen auf die Naturwissenschaften, eine Grundbildung verstanden, und es werden drei Teilbereiche unterschieden (Laugksch, 2000):

1. *Literacy* als Wissensstand;
2. *Literacy* als informierte Anwendung des Wissens;
3. *Literacy* als Funktion im Sinne einer minimalen Voraussetzung, in einer naturwissenschaftlich geprägten Gesellschaft ein gelingendes Leben führen zu können.

Der fachinterne Diskurs, wie *Scientific Literacy* oder naturwissenschaftliche Grundbildung definiert werden können, ist nicht abgeschlossen. Im Folgenden werden aus dem Diskurs abgeleitete Kriterien erörtert, die als Zieldimensionen für den naturwissenschaftlichen Unterricht auf allen Bildungsstufen das Konzept der *Scientific Literacy* schärfen. Den internationalen Schulleistungsuntersuchungen wie z. B. PISA ist folgende Definition naturwissenschaftlicher Grundbildung zugrunde gelegt:

> *„Naturwissenschaftliche Grundbildung setzt das Verständnis naturwissenschaftlicher Konzepte sowie die Fähigkeit voraus, eine naturwissenschaftliche Perspektive anzuwenden und über Befunde in naturwissenschaftlicher Weise nachzudenken." (OECD, 2007, S. 25)*

Um eine naturwissenschaftliche Perspektive einnehmen und Konzepte aufbauen zu können, muss eine Person über ausreichendes Wissen und Fähigkeiten in folgenden vier Leistungsbereichen verfügen (vgl. OECD, 2007):

- *Wissen über naturwissenschaftliche Inhalte und über naturwissenschaftliche Denk- und Arbeitsweisen*: Wissen zu diesen Inhalten und Denk- und Arbeitsweisen werden erworben und angewendet, um Fragestellungen zu identifizieren, neue Kenntnisse zu erwerben, naturwissenschaftliche Phänomene zu erklären und um aus Beweisen Schlussfolgerungen in Bezug auf naturwissenschaftliche Sachverhalte zu ziehen.
- *Verständnis menschlichen Wissens und Forschens*: Dieses Verständnis ermöglicht es, die charakteristischen Eigenschaften der Naturwissenschaften nicht als naturgegeben, sondern als eine Form menschlichen Wissens und Forschens zu verstehen.
- *Erkennen von Prägungen der Umwelt*: Die naturwissenschaftlich gebildete Person erkennt, wie Naturwissenschaften und Technologie unsere materielle, intellektuelle und kulturelle Umgebung prägen.
- *Reflektieren und an der Gesellschaft teilhaben*: Naturwissenschaftliche Grundbildung ermöglicht, sich mit naturwissenschaftlichen Themen und Ideen als reflektierender Bürger zu befassen, Anwendungen in Frage zu stellen und in demokratischen Prozessen mitzuarbeiten, in denen gesellschaftliche Entscheidungen zu Anwendungen der Naturwissenschaften gefällt werden.

Unser kulturelles Erbe ist geprägt von naturwissenschaftlichen Erkenntnissen und technischen Errungenschaften, die auf der Basis naturwissenschaftlicher Erkenntnisse entwickelt worden sind. Naturwissenschaftliche Grundbildung ermöglicht es, historische naturwissenschaftliche Entwicklungen als Fundament unserer Gesellschaft zu erkennen und die naturwissenschaftliche und technische Entwicklung kritisch einzuordnen. Wissen über naturwissenschaftliche Inhalte wie z. B. Reibung, Licht, Elektrizität oder Photosynthese tragen zu einem tieferen Verständnis von alltäglichen Phänomenen und Erlebnissen wie z. B. Blitzen oder der Ernährung von Pflanzen bei. Darüber hinaus ermöglicht Wissen über naturwissenschaftlich beeinflusste soziokulturelle Themen wie beispielsweise Energie- und Nahrungsmittelverbrauch ein Verständnis für Entscheidungsprozesse, das Bilden von eigenen Meinungen, und es unterstützt eine informierte Einflussnahme auf Entscheidungen in einer demokratischen Gesellschaft. Die Kenntnisnahme von gesellschaftlichen Diskussionen über Naturwissenschaften erlaubt eine eigene Meinungsbildung insbesondere in Bezug auf relevante ethische Fragen. Naturwissenschaftlich-technische Bildung hat zum Ziel, das Verständnis von technischen Geräten zu unterstützen und eine Reflexion ihres Gebrauchs anzuregen, nicht nur in Bezug auf ihre Funktionen, sondern auch in Bezug auf die gesellschaftlichen Folgen ihres Gebrauchs. Die Einführung in die naturwissenschaftlichen Denk- und Arbeitsweisen (Beobachten, Vermuten, Experimente planen und durchführen, Vermutungen einordnen sowie Ergebnisse kommunizieren) erlaubt die Beurteilung von Informationen und das Bewusstsein um die Grenzen einer naturwissenschaftlichen Erkenntnisgewinnung (vgl. DeBoer, 2000).

Die Bildungsziele des Aufbaus von naturwissenschaftlichem Wissen und der Aufbau von Denk- und Arbeitsweisen, die Entwicklung von Interesse, Partizipation und Selbstvertrauen bezüglich der Naturwissenschaften sind zentrale Kompetenzbereiche auch einer frühen naturwissenschaftlichen Bildung. Naturwissenschaftliches Wissen und Denk- und Arbeitsweisen können und sollen schon bei Kindern im Alter von drei Jahren angebahnt und gefördert werden, wie dies auch in den Bildungsplänen der Bundesländer für frühe naturwissenschaftliche Bildung zum Ausdruck kommt.

## 3.2 Bildungspläne der Bundesländer im Vergleich

Der Bildungsföderalismus in Deutschland hat zur Folge, dass insgesamt 16 unterschiedliche Bildungspläne ausgearbeitet wurden. In diesen Bildungsplänen der 16 einzelnen Bundesländer nehmen die Naturwissenschaften einen bedeutenden Platz ein, der sich einerseits in dem ihm zugestandenen Raum, andererseits in den Begründungen dazu ausdrückt. In den Bildungsplänen werden Naturwissenschaften häufig mit der Mathematik verknüpft, wobei aber ebenfalls ein starker Bezug zur sprachlichen Bildung hergestellt wird.

Eine Sichtung der Bildungspläne zeigt, dass Naturwissenschaften – im Einklang mit dem Konzept der *Scientific Literacy* – einerseits als Zugang zur Welterkenntnis dargestellt werden. Andererseits werden Naturwissenschaften auch als wichtige Grundlage für eine produktive Auseinandersetzung mit einer naturwissenschaftlich geprägten und technisierten Welt gesehen sowie für einen kompetenten Umgang mit dieser verstanden. Auffallend ist, dass in allen Bildungsplänen gerade im Bereich der Naturwissenschaften für eine hohe Gendersensibilität plädiert wird: Zudem werden in den meisten Bildungsplänen Richtlinien bezüglich ökologischer und technischer Bildung genannt, wenn auch häufig als gesonderte Bildungsbereiche.

Die Bildungspläne folgen in ihrer Ausgestaltung jedoch nicht den vier Bestandteilen der *Scientific Literacy* (1. Inhaltliches Wissen und Denk- und Arbeitsweisen, 2. Verständnis menschlichen Wissens und Forschens, 3. Erkennen von Prägungen der Umwelt sowie 4. Reflektieren und an der Gesellschaft teilhaben).

Da am Zustandekommen von Bildungsplänen in erster Linie naturwissenschaftliche Laien beteiligt sind (z. B. Pädagogische Fachkräfte, Ministerien), spiegelt sich der gesellschaftliche Konsens stärker wider als die wissenschaftliche Logik, die einem Bildungsbereich innewohnt. In Tabelle 3 werden die Bildungsziele in den beiden Bereichen Wissen über naturwissenschaftliche Inhalte und über naturwissenschaftliche Denk- und Arbeitsweisen aus drei Bildungsplänen stichwortartig zusammengefasst (Baden-Württemberg, Hessen, Nordrhein-Westfalen; Bildungsserver, 2015).

Die Bedeutungen der einzelnen Tätigkeiten und deren Abgrenzungen voneinander bleiben auffallend unklar und ungeordnet: In welchem Verhältnis stehen Denken und Vergleichen zueinander, stehen sie auf der gleichen Ebene und wie unterscheiden sie sich? Diese Fragen zu beantworten, bleibt den pädagogischen Fachkräften überlassen. Bemerkenswert ist auch, dass die Bildungspläne in erster Linie beschreiben, welche Bildungsgelegenheiten ermöglicht werden sollen: Die angestrebten Wissensinhalte und Denk- und Arbeitsweisen werden als sehr breit gefasste Tätigkeiten der Kinder dargestellt (‚betasten', ‚kennenlernen') und lassen einen großen Ermessensspielraum zu. Die Angabe von anzustrebenden Kompetenzen der Kinder wird in den Bildungsplänen für die KiTa weitgehend vermieden (Leuchter & Möller, 2014).

**Tab. 3:** Zusammenfassung der drei Bildungspläne aus Baden-Württemberg, Hessen und NRW zum Bereich naturwissenschaftliche Bildung.

| Inhaltliches Wissen | Denk- und Arbeitsweisen |
|---|---|
| • Vorgänge in der Natur erfassen;<br>• Experimente zu naturwissenschaftlichen Phänomenen machen (z. B. mit Feuer, Wasser oder Luft);<br>• Alltagsgegenstände und Naturmaterialien betasten und ausprobieren;<br>• Dinge sammeln und transportieren, ausprobieren und erfinden;<br>• Gesetzmäßigkeiten biologischer, chemischer und physikalischer Phänomene kennenlernen;<br>• unterschiedliche Energieformen kennenlernen;<br>• erste Erfahrungen von Stoffeigenschaften und Stoffveränderungen machen. | • staunen;<br>• wahrnehmen;<br>• genau beobachten;<br>• Beobachtungen festhalten;<br>• Fragen stellen;<br>• sammeln;<br>• ordnen;<br>• vergleichen;<br>• Hypothesen aufstellen;<br>• Hypothesen überprüfen;<br>• experimentieren;<br>• denken. |

Hinsichtlich der Zielerreichung und der Umsetzungsmöglichkeiten der in den Bildungsplänen formulierten Ansprüche besteht demnach eine auffallende Ungenauigkeit. Wie die Umsetzungen gestaltet werden sollten, um wirksame Grundlagen für die Bildung im naturwissenschaftlichen Bereich zu legen, ist den Bildungsplänen nicht zu entnehmen. Positiv gewendet, wird dadurch der einzelnen KiTa und ihrem Personal die Deutungshoheit überlassen, wie naturwissenschaftliche Bildung umzusetzen ist. Negativ gewendet, werden die Institutionen und ihr Personal damit jedoch stark herausgefordert, wenn nicht sogar überfordert angesichts einer kaum vorhandenen naturwissenschaftlichen und naturwissenschaftsdidaktischen Bildung in den Ausbildungsstätten für pädagogische Fachkräfte. Dass in dieser Situation die tatsächlich angebotenen Lerngelegenheiten und deren Qualität somit vor allem von den vorhandenen Lehrmaterialien und Lehrmitteln geprägt werden, liegt auf der Hand. Ohnehin hat die Forschung gezeigt, dass ihnen in Bezug auf die Praxis ein ungleich größerer Stellenwert als den Bildungs- und Lehrplänen zukommt (Müller & Adamina, 2004).

Die Ausarbeitung von Bildungsplänen für die KiTa und altersübergreifenden Bildungsrichtlinien für Kinder von null bis zehn Jahren, wie es z. B. in Nordrhein-Westfalen stattgefunden hat, hat die Diskussion hinsichtlich der erwünschten Bildung in der KiTa und deren Anschlussfähigkeit an die Grundschule angestoßen. Auch das Bewusstsein für die gesellschaftlich formulierten Bildungsansprüche konnte so in den KiTas gesichert werden. Ob und wie die Bildungspläne jedoch als Steuerungsinstrument taugen, ist dennoch höchst fragwürdig (vgl. Diskowski, 2008). Diese Problematik wird durch die verschiedenen fachlichen Bezüge (z. B. Physik, Biologie) von Naturwissenschaften als Bildungsinhalt drei- bis sechsjähriger Kinder noch verstärkt. Die Bildungspläne müssten, um die eigene Wirkung insbesondere bezüglich der Anschlussfähigkeit an die Grundschule zu sichern, viel klarer relevante naturwissenschaftliche Konzepte berücksichtigen, die in ein breites Verständnis von Naturwissenschaften eingehen.

Darüber hinaus wird in den Bildungsplänen ein bereichsübergreifendes Arbeiten stark favorisiert. Eine bereichsübergreifende Bildung bezieht nicht nur die oben genannten Bezugswissenschaften mit ein, sondern umfasst auch sprachliche und musische Aspekte (Ministerium für Kultus, Jugend und Sport Baden-Württemberg, 2011). Diese Favorisierung einer bereichsübergreifenden Bildung hat mit dem aktuellen gesellschaftlichen Bild von Kind und Kindheit zu tun, das den jeweiligen Bildungsplänen zugrunde gelegt wurde. Im nächsten Kapitel wird dieses Thema umrissen.

## 3.3 Gesellschaftliche Vorstellungen über das Kind

Die sich wandelnden gesellschaftlichen Bedingungen und Vorstellungen über das Kind und die Kindheit wurden in einem vielbeachteten Buch von Ariès (1975) systematisch und kritisch beleuchtet. Das Befremden, mit dem wir z. B. unsere eigene Kindheit oder die Kindheit in den 1950er Jahren mit derjenigen der heute aufwachsenden Kinder vergleichen, spiegelt die Erkenntnis wider, dass es weder DAS Kind noch DIE Kindheit gibt (Amberg, 2010). Die Auffassungen über die Bildbarkeit der Kinder, die Forderungen, welche Inhalte zentral für ihre Bildung sind und wie diese am besten organisiert und umgesetzt wird, sind immer historisch gebunden und abhängig von den jeweiligen gesellschaftlichen Rahmenbedingungen und Vorstellungen.

Im Bürgertum des ausgehenden 18. und beginnenden 19. Jahrhunderts bildeten sich zwei wesentliche Vorstellungen vom Kind bzw. von Kindheit heraus: ein eher ‚aufgeklärtes' und ein eher ‚romantisches' Bild vom Kind. Das eher aufgeklärte Bild vom Kind war orientiert an der tabula rasa-Theorie von John Locke, einem englischen Aufklärer und Philosophen, wonach dem Kind alle Bildungsmöglichkeiten zugestanden werden. Das Kind soll damit einen größtmöglichen Nutzen aus der Bildung ziehen in Bezug auf seine Rolle in der Gesellschaft als mündiger Bürger. Das eher romantische Kindheitsbild ist orientiert am französischsprachigen Schweizer Philosophen und Schriftsteller Jean-Jacques Rousseau, der das Kind als natürliches Wesen versteht, dessen ursprünglicher Zustand durch Erziehung ins Erwachsenenalter sozusagen herübergerettet werden muss. Mit dem romantischen Kindheitsbild wird das Bildungsziel des persönlichen Glücks assoziiert (vgl. Amberg, 2010).

Beide Kindheitsbilder prägen bis heute pädagogische Vorstellungen zur kindlichen Bildung. Im Umgang mit Eltern, Fachleuten und Kolleginnen und Kollegen sowie Politikerinnen und Politikern müssen sich pädagogische Fachkräfte den unterschiedlichsten Vorstellungen von Bildung und Erziehung stellen (vgl. Kuhn, Lankes & Steffensky, 2012), die den Akteuren oft nicht einmal bewusst sind (Leuchter, 2013b). Diese Vorstellungen prägen auch die Ansichten, wie naturwissenschaftliche Angebote in der KiTa gestaltet werden sollen: Sollen die Kinder durch die Bildungsangebote lediglich angeregt werden, naturwissenschaftliche Phänomene selbstständig zu erkunden und sich damit eigenständig intensiver zu beschäftigen? Oder sollen strukturierte Angebote vorbereitet werden, mit denen durch die Anregung und Begleitung durch die pädagogischen Fachkräfte erstes naturwissenschaftliches Wissen erworben und aufgebaut werden? Wie an diesen Fragen erkenntlich wird, bestimmen gesellschaftliche Vorstellungen über das Kind immer auch die Rolle, die den pädagogischen Fachkräften zugedacht wird.

## 3.4 Die den pädagogischen Fachkräften zugedachte Rolle

Das Bild des drei- bis sechsjährigen Kindes, dessen ursprünglicher Zustand erhalten werden muss, ist unter dem Stichwort der Selbstbildung immer noch weit verbreitet. Natürlich muss das Kind als lernende Person die Welt aktiv erkunden und handelnd entdecken – nicht nur wenn Bildung als Selbstbildung verstanden wird. Wird jedoch auf die Selbstbildung als ausschließliches Modell der Bildung drei- bis sechsjähriger Kinder vertraut, resultiert eine relativ passive Rolle der pädagogischen Fachkraft, deren hauptsächliche Arbeit in der Beobachtung des Kindes und in der Dokumentation des Beobachteten besteht. Die Anregungsmöglichkeiten durch die pädagogischen Fachkräfte, die Lernmöglichkeiten, die sich dem Kind in einer differenziert vorbereiteten Umgebung und in Interaktion mit den anwesenden Personen bieten, die Bildungsmöglichkeiten, die sich in der handelnd-denkenden Beschäftigung mit sachlich strukturierten Inhalten ergeben, werden bei einer falsch verstandenen Selbstbildung verkannt.

Das aufklärerische Bild des drei- bis sechsjährigen Kindes stellt den Nützlichkeitsgedanken der Bildung in den Vordergrund. Hier würde der pädagogischen Fachkraft eine herausragende und aktive Rolle zukommen, die für die Kinder die Bildungsinhalte bestimmt, diese aufbereitet sowie dem Kind an- und darbietet. Deren Aneignung durch die Kinder wäre gesteuert und angeleitet. Dieser in Deutschland kaum verbreitete Ansatz verkennt den Eigensinn der Kinder, ihre motivationalen Voraussetzungen und die Möglichkeiten, sie dazu zu befähigen, ihr Lernen zu organisieren.

Weder die eine noch die andere Vorstellung der Bildung von drei- bis sechsjährigen Kindern und der Rolle der pädagogischen Fachkräfte wird hier als angemessen angesehen. Beide sind als Extrempositionen abzulehnen: Weder kann das Kind sich selbst bilden, denn jede Gesellschaft beruht auch auf tradierten Konventionen und Fähigkeiten, die einem Kind gezeigt und vermittelt werden müssen, um in dieser Gesellschaft leben und teilhaben zu können. Noch können Erwachsene drei- bis sechsjährigen Kindern Bildungsinhalte ausschließlich vorgeben oder diese gar eintrichtern.

## 3.5 Schlussfolgerungen im Hinblick auf eine Naturwissenschaftsdidaktik für die KiTa

Aus der Forderung der *Scientific Literacy* und aus den Bildungsplänen können keine direkten didaktischen Ableitungen für die pädagogische Arbeit in der frühen naturwissenschaftlichen Bildung vorgenommen werden. Der Aufbau von naturwissenschaftlichem Wissen und von Denk- und Arbeitsweisen, die Entwicklung von Interesse, Partizipation und Selbstvertrauen bezüglich der Naturwissenschaften sind aber zentrale Grundlagen für die didaktische Überlegung, welche Aspekte der *Scientific Literacy* in die Bildungspläne Eingang finden und welche naturwissenschaftlichen Bildungsbereiche in der KiTa bearbeitet werden sollten. Darüber hinaus zeigt der Einbezug der beiden gesellschaftlich geprägten Vorstellungen zur kindlichen Entwicklung, dass weder die eine noch die andere Vorstellung von der Bildung von drei- bis sechsjährigen Kindern und die von der Rolle der pädagogischen Fachkräfte als Grundlage einer Didaktik gelten können.

In Bezug auf didaktische Fragen ist die Beschäftigung mit fachlichen und bildungspolitischen Richtlinien und Zielen der frühen naturwissenschaftlichen Bildung nicht hinreichend. Zentral ist die Feststellung, dass es keine fachlich oder bildungspolitisch festgelegten inhaltlichen Themen gibt, die mit Vorschulkindern bearbeitet werden müssen. Bisher sind auch keine naturwissenschaftlichen Konzepte bekannt, die in der KiTa aufgebaut werden müssten, damit die Einführung von naturwissenschaftlichem Wissen in der Schule gelingen kann.

Das in diesem Lehrbuch vertretene Bildungsverständnis bezieht die bereits vorhandenen Kompetenzen der Kinder ein und entwickelt darauf aufbauend kindgerechte bzw. altersangemessene Angebote, die über eine eng verstandene Selbstbildung hinausgehen und mit denen sich zentrale anschlussfähige Kompetenzen anbahnen lassen. Dazu müssen zunächst die entwicklungs- und lernpsychologischen Voraussetzungen von Kindern zwischen null und sechs Jahren in den Blick genommen werden, die für den Erwerb und Aufbau naturwissenschaftlichen Denkens und Wissens erforderlich sind.

## 3.6 Weiterführende Literatur

Anders, Y., Hardy, I., Pauen, S. & Steffensky, M. (2013). Zieldimension früher naturwissenschaftlicher Bildung im Kita-Alter und ihre Messung. In Haus der kleinen Forscher (Hrsg.), *Wissenschaftliche Untersuchungen zur Arbeit der Stiftung „Haus der kleinen Forscher"* (Bd. 5, S. 19–62). Schaffhausen: Schubi Lernmedien AG.
    Aktueller Überblick über Bedingungen, Ziele und Messung naturwissenschaftlicher Bildung im KiTa-Alter.
Diskowski, D. (2008). Bildungspläne für Kindertagesstätten – ein neues und noch unbegriffenes Steuerungsinstrument. *Zeitschrift für Erziehungswissenschaft, Sonderheft 11*, 47–62.
    Kritischer Blick auf Bildungspläne für KiTas und ihre Nutzung.
Labudde, P. & Möller, K. (2012). Stichwort: Naturwissenschaftlicher Unterricht. *Zeitschrift für Erziehungswissenschaft, 15(1)*, 11–36.
    Eine aktuelle Einführung in die fachdidaktischen Ansprüche an naturwissenschaftlichen Unterricht.

# 4 Individuelle Voraussetzungen früher naturwissenschaftlicher Bildung: Entwicklung von Kompetenzen und Basiswissen im Alter von null bis sechs Jahren

Hinsichtlich der für eine frühe naturwissenschaftliche Bildung notwendigen lern- und entwicklungspsychologischen Voraussetzungen wird im Folgenden unterschieden zwischen Basiskompetenzen, die für Denk- und Arbeitsweisen in allen naturwissenschaftlichen Domänen bedeutsam sind (▶ Kap. 4.2), und bereichsspezifischem Basiswissen. Beides wird exemplarisch für den Bereich Physik dargestellt (▶ Kap. 4.3). Es wird angenommen, dass sich zwei Arten von Wissen heranbilden: implizites und explizites Wissen. Beide Wissensarten müssen mit besonderen Methoden erfasst werden, die im folgenden Exkurs beschrieben werden.

## 4.1 Exkurs: Implizites und explizites Wissen und Methoden ihrer Erfassung

Nicht nur in der Forschung zur frühen Kindheit wird zwischen explizitem und implizitem Wissen unterschieden. Explizites Wissen ist mitteilbar und kann beispielsweise mündlich, schriftlich oder in einer Skizze erfasst werden, und Erklärungen, warum sich ein Phänomen in der beobachteten Weise zeigt, können geäußert werden. Explizites Wissen ist also relativ leicht zu erfassen. Implizites Wissen wird auch *tacit knowledge* – stummes Wissen – genannt; es ist schwierig in explizites Wissen zu überführen. Oft ist es als ‚Körperwissen' oder ‚Handlungswissen' abrufbar, das z. B. durch Blickzeiten oder Handlungen indirekt beobachtet werden kann, Erklärungen eines Phänomens können aber keine gegeben werden. Abweichungen zwischen explizitem und implizitem Wissen sind insbesondere im Bereich Physik (Kraft, Bewegung, Raumorientierung) die Regel (Wilkening, Huber & Cacchione, 2006). Kinder haben z. B. Schwierigkeiten, bei Wassergläsern mit unterschiedlichem Durchmesser und vorgestellter gleicher Füllhöhe dasjenige zu bezeichnen, das mehr gekippt werden muss, damit ein kleiner Tropfen Wasser auslaufen kann (explizites Wissen), sind aber eher in der Lage, das richtige Glas tatsächlich mehr zu kippen (implizites Wissen, Schwartz & Black, 1999). Es ist übrigens das schmalere Glas, das mehr gekippt werden muss, damit ein kleiner Tropfen Wasser herausläuft.

Die Forschung hat sich ausgiebig mit dem impliziten Wissen von Säuglingen und Kleinkindern zu naturwissenschaftlichen Phänomenen beschäftigt. Da diese ihr Wissen aber nicht explizit äußern können, werden in der Forschung spezifische Methoden eingesetzt, um das implizite Wissen zu erfassen: Für die Erfassung von kognitiven Fähigkeiten werden insbesondere die Blickrichtung und Blickdauer der untersuchten Kinder sowie ihre Saugfrequenz als Hinweis für

Überraschung oder Interesse herangezogen. Mit der Habituierungsmethode werden Säuglinge an Reize gewöhnt (habituiert), um im Anschluss daran zu beobachten, ob ein neuer, leicht variierter Reiz von den Säuglingen länger oder kürzer betrachtet wird (Dishabituation, vgl. Pauen & Rauh, 2008; Siegler, DeLoache & Eisenberg, 2008). Mit der Methode der Erwartungsverletzung zeigt man Säuglingen ein Ereignis, das Überraschung oder Interesse (ausgedrückt in längeren Blickzeiten oder höherer Saugfrequenz) auslösen sollte, falls es ihren Erwartungen widerspricht.

> **Kasten 4: Methoden der Blickzeitenmessung**
>
> In der experimentellen Säuglingsforschung wird die Methode des *präferentiellen Fixierens* zur systematischen Erfassung des frühkindlichen Blickverhaltens seit Mitte des 20. Jahrhunderts breit eingesetzt (vgl. Pauen & Rauh, 2008; Siegler, DeLoache & Eisenberg, 2008). Dabei werden die Säuglinge in einen Korb unter einen Guckkasten gelegt oder in einem Babysitz/auf dem Schoß der Mutter vor eine Wand gesetzt. Im Guckkasten oder an der Wand werden jeweils zwei Reize gleichzeitig gezeigt (z. B. ein Bild mit einem Gesicht und ein Bild mit einer Blume). Sodann wird innerhalb einer vorgegebenen Zeit gemessen, welcher der beiden Reize länger angeschaut wird. Aus einer längeren Blickzeit wird geschlossen, dass das Kind a) die beiden Reize unterscheiden kann und b) dass es den länger fixierten Reiz bevorzugt (präferiert). Es kann aber auch vorkommen, dass ein Säugling beide Reize gleich lang fixiert. Um in diesen Fällen zu analysieren, ob a) oder b) zutrifft, wurde die Habituierungsmethode entwickelt. Mit dieser Methode wird der Säugling so lange mit einem Reiz konfrontiert (z. B. mit einer Karotte), bis er sich daran gewöhnt hat und den Blick abwendet *(Habituation)*. Danach präsentiert man dem Säugling einen neuen Reiz (z. B. ein Gurkenstück in der gleichen Größe wie die Karotte). Wenn der Säugling diesen Reiz erneut fixiert, spricht man von einer *Dishabituation*. Diese Dishabituation kann in unserem Beispiel so gedeutet werden, dass der Säugling die Gurke von der Karotte unterscheiden kann. Wird die Gurke jedoch nicht länger fixiert als die Karotte, wird davon ausgegangen, dass er die beiden Reize nicht unterscheiden kann.

## 4.2 Basiskompetenzen in Bezug auf Denk- und Arbeitsweisen

Kinder erlernen in den ersten sechs Lebensjahren grundlegende Denk- und Arbeitsweisen (▶ Kap. 2.3). Diese werden nun vor allem anhand von Ergebnissen der Säuglingsforschung vorgestellt und durch Befunde aus Studien zur frühen Kindheit ergänzt, die für eine frühe naturwissenschaftliche Bildung relevant sind.

### 4.2.1 Bildung von Kategorien

Die grundlegenden Erkenntnisprozesse Induktion und Deduktion (▶ Kap. 2.2) sind Voraussetzung für die Bildung von Kategorien. Um von den verwirrend vielfältigen sensorischen Eindrücken aus der Umwelt nicht überwältigt zu werden, ist eine Kategorienbildung zentral (vgl. Goswami, 2006; Pauen & Träuble, 2006). Mit ihrer Hilfe lassen sich die mannigfaltigen Eindrücke ordnen und Kategorien bilden: Auf den Straßen befindet sich nicht nur eine Menge farbiger Objekte, die sich unterschiedlich fortbewegen, es handelt sich um Autos, Fahrräder und Fußgänger sowie ab und zu um ein relativ spezielles Fahrzeug wie z. B. ein Traktor oder ein Bagger. Auch in der Beurteilung von Gefahren sind Kategorien wichtig: Hat ein kleines Kind sich schon an Brennnesseln auf einer Wiese verbrannt, wird es vorsichtig sein mit ähnlichen Pflanzen auf einer Wiese – jedoch auf Waldboden keine Angst zeigen. Das Kind hat also die Kategorie gebildet und diese von anderen Pflanzen, auch von anderen grünen Pflanzen, abgegrenzt. Wird es bemerken, dass die Brennnessel eine Pflanze ist, die kleine Härchen auf der Oberfläche trägt, wird es der Kategorie der brennenden Pflanzen, d. h. „grüne Pflanze in etwa meiner Größe mit Blättern" noch hinzufügen: „mit Blättern, die Härchen haben".

Die Fähigkeit, Kategorien zu bilden, ist schon im Alter von drei Monaten in Grundzügen vorhanden: In einer Untersuchung bot man Kindern eine Reihe von Bildern verschiedener Katzen an. Sie betrachteten diese Bilder, und mit jedem weiteren Bild von einer Katze verkürzte sich die Blickzeit der Säuglinge, sie habituierten an die Darbietung. Folgte dann aber als siebtes Bild ein Hund, schauten sie wieder länger hin und zeigten damit eine Dishabituation. Dies wird in der Entwicklungspsychologie als Indiz gewertet, dass die Säuglinge einen Unterschied zwischen den zuvor gesehenen Katzenbildern und dem aktuellen Bild mit dem Hund vornehmen und den Hund einer anderen Kategorie zuordnen (▶ Abb. 2; Quinn & Eimas, 1996). Sechs Monate alte Kinder zeigen eine solche Dishabituation auch beim Vergleich von Vögeln und Fischen mit Säugetieren (repräsentiert durch z. B. Elefanten, Hunde und Zebras). Die Kategorisierung nach einem ähnlichen Erscheinungsbild gelingt demnach schon sehr früh. Vor dem zweiten Lebensjahr achten die Kinder dazu vermutlich auf einzelne Aspekte (z. B. die Beine bei Tieren, die Räder bei Fahrzeugen); nach dem zweiten Lebensjahr lernen sie, aufgrund der Gesamtform zu klassifizieren.

Geht es um die Entwicklung von Kategorisierungshierarchien (z. B. übergeordnete Ebene: Tier; untergeordnete Ebene: Meise; Basisebene: Vogel) wird zuerst die Basisebene gebildet, was darauf hindeutet, dass eine Reihe gleichbleibender Eigenschaften (Schnabel, Flügel, Federn) wahrgenommen werden und bei der Kategorisierung unterstützend wirken, ohne dass diese Eigenschaften genau gleich ausgebildet sein müssen. Die Kategorisierung aufgrund von Ähnlichkeiten in der Form oder Farbe kann aber auch fehlleiten, wenn sie nämlich an Stelle einer Kategorisierung von zentralen Funktionseigenschaften vorgenommen wird. Wenn vierjährige Kinder die Entscheidung treffen müssen, ob zum Fahrrad die äußerlich ähnliche Brille oder das Rollbrett gehört, entscheiden sie sich eher für die Brille (Gentner & Namy, 1999).

Eine weitere, häufig zu beobachtende Kategorisierungsstrategie sind thematische Kategorisierungen: Nach dem Betrachten eines Bildes mit einem Affen, einer Banane und einem Apfel ordnen vierjährige Kinder die Banane eher dem Affen zu, da der Affe gerne Bananen isst. Die Kategorisierung nach Früchten, mit der sie die Banane dem Apfel zuordnen würden, gelingt erst später. Dennoch sind thematische Kategorisierungen auch funktional, da sie die Grundlage für Wissensnetze bilden, die erlauben, die Welt zu ordnen und Zusammenhänge zu erkennen: So werden Tiere auch von Biologinnen und Biologen danach geordnet, was sie fressen, nämlich ob sie beispielsweise Allesfresser (wie Füchse und Bären) oder Vegetarier (wie Antilopen und Rehe) sind. Dies gibt, bezogen auf weitere Eigenschaften der Tiere, auch Hinweise darauf, wo sie beispielsweise leben, ob sie Fluchttiere sind etc.

**Abb. 2:** Kategorisierung von Tieren durch dreimonatige Säuglinge: Sie unterscheiden bereits Hunde von Katzen (vgl. Quinn & Eimas, 1996).

### 4.2.2 Kausale Zusammenhänge erkennen

Kausale Beziehungen herstellen zu können, ist eine zentrale Fähigkeit der naturwissenschaftlichen Denk- und Arbeitsweisen, da mit ihr Ursache und Wirkung in einen Zusammenhang gebracht werden. Ab sechs Monaten können Säuglinge die Situation, in der ein Objekt von einem anderen angestoßen wird, von der Situation unterscheiden, in der ein Objekt sich in Bewegung setzt, bevor es angestoßen wird. Die zweite Situation wird dabei länger von ihnen betrachtet. Es wird deshalb vermutet, dass sie ein grundlegendes Wissen davon haben, dass etwas von etwas anderem verursacht wird. Dieses Wissen unterstützt einjährige Kinder auch dabei, kleine Handlungssequenzen wie das Zusammenbauen von zwei Elementen zu imitieren. Kausal unverbundene Handlungsketten können die Kinder jedoch erst ab etwa 20 Monaten nachahmen. Die Verknüpfung von Handlungen in Bezug auf ein kausales Verständnis erweitert sich etwa ab dem zweiten Lebensjahr: Kinder können dann ein einfaches Problem lösen, wie z. B. das passende Werkzeug aus einer Reihe von Werkzeugen finden, um ein entferntes Spielzeug zu erreichen (vgl. Siegler et al., 2008).

#### 4.2.3 Schlussfolgerndes Denken

In Bezug auf die naturwissenschaftlichen Denk- und Arbeitsweisen spielt schlussfolgerndes Denken, das mit dem Herstellen von Wenn-dann-Beziehungen gleichgesetzt werden kann, eine herausragende Rolle: Die gelingende Durchführung von naturwissenschaftlichen Experimenten und die Interpretation von Beobachtungen ist ohne schlussfolgerndes Denken nicht realisierbar. Im Allgemeinen werden zwei Arten von schlussfolgerndem Denken unterschieden, nämlich induktives und deduktives Denken (▶ Kap. 2.2; vgl. Goswami, 2006).

Induktives Schlussfolgern beschreibt die Fähigkeit, aus vielen beobachteten Einzelheiten eine allgemeine ‚Theorie' abzuleiten. Kinder können schon ab zwei Jahren aufgrund von typischen Eigenschaften induktiv schlussfolgern: In einer Untersuchung wurde ihnen ein Bild eines Rotkehlchens gezeigt und gesagt: „Das ist ein Vogel" (Gelman & Coley, 1990). Danach wurden die Kinder gefragt, ob es in einem Nest wohne. Im Weiteren wurden ihnen dann Bilder von typischen Vögeln (z. B. Meise, Sperling) sowie Bilder von untypischen Vögeln (z. B. Strauß, Emu) gezeigt, und jedes Mal wurde die Frage gestellt, ob es in einem Nest wohne. Den typischen Kategorienmitgliedern (wie der Meise) wurde dabei viel häufiger (76 %) zugeschrieben, in einem Nest zu wohnen, als den untypischen wie dem Strauß (42 %) (▶ Abb. 3).

Deduktives Denken bezeichnet die Fähigkeit, aufgrund von ‚Theorien' einzelne Beobachtungen zu beurteilen, um dann mit logischen Schlüssen die Theorie zu bestätigen oder zu widerlegen. Eine spezielle und besonders wichtige Art deduktiven Schlussfolgerns ist logisches Schlussfolgern, bei dem Kontextmerkmale weitgehend ausgeblendet werden müssen. Deduktives Schlussfolgern ist beispielsweise bei der folgenden Aufgabe notwendig: „Alle Katzen sind lila. Bella ist eine Katze. Ist Bella lila?" Mit Piaget gingen Entwicklungspsychologinnen und Entwicklungspsychologen davon aus, dass Kinder bis zum Alter von neun Jahren derartige Aufgaben nicht lösen können. Neuere Forschungen zeigen allerdings, dass Kinder schon ab vier Jahren in der Lage sind, deduktiv zu schlussfolgern, falls ihnen die Situation erleichtert, Wissen außer Acht zu lassen, z. B. indem die Aussagen in einen Fantasiekontext gestellt werden (vgl. Dias & Harris, 1988): Die Frage mit den lila Katzen ist demnach für die Kinder in dieser Form schwer zu beantworten, da sie wissen, dass Katzen nicht lila sind. Wenn aber eine Fantasiebezeichnung anstelle der Katze tritt und so gefragt wird: „Alle Feps sind lila. Bella ist ein Fep. Ist Bella lila?" dann können auch schon Vierjährige die Aufgabe lösen. Der Probleminhalt und die Darbietung des Problems bestimmen demnach die Schwierigkeiten beim deduktiven Schlussfolgern.

Basiskompetenzen in Bezug auf Denk- und Arbeitsweisen 47

**Abb. 3:** Induktives Schlussfolgern von zweijährigen Kindern. Wenn ein Vogel typisch aussieht, dann ziehen Kinder daraus viel häufiger den Schluss, dass sie auch ein Nest bauen, als wenn er untypisch aussieht (z. B. ein Strauß; vgl. Gelman & Coley, 1990).

### 4.2.4 Wissen über das eigene Denken und das Denken anderer

Beim Einsatz naturwissenschaftlicher Denk- und Arbeitsweisen muss man berücksichtigen, dass Kinder erst etwa ab dem vierten Lebensjahr die Fähigkeit entwickeln, zu erkennen, dass die eigenen Gedanken nicht mit den Gedanken anderer Personen übereinstimmen (müssen). Jedoch ohne das Wissen über das eigene Denken und das Denken anderer besteht auch keine Notwendigkeit, eigene Vermutungen über etwas mit den Vermutungen anderer Personen zu vergleichen sowie Gedanken auszutauschen. Der Erwerb von Wissen über Gedanken, Gefühle und Absichten von sich und anderen Personen ist eine Voraussetzung für den Erwerb und die Anwendung der o. g. Denk- und Arbeitsweisen. Erst dieses Wissen ermöglicht es, die eigene Perspektive als subjektiv zu erkennen und auf den Wissensstand anderer Personen Bezug zu nehmen, Absicht von Zufall sowie Lügen von Wahrheit zu unterscheiden (vgl. Sodian & Thoermer, 2006).

> **Kasten 5: Studie zur Messung des Wissens darüber, dass Wissen subjektiv ist**
>
> Das Wissen, dass das Handeln anderer Personen sowie ihre Entscheidungen von ihrem subjektiven Wissen und ihren motivationalen Zuständen abhängen, entwickelt sich im Alter zwischen drei und sieben Jahren. Dieses Wissen wird beispielsweise untersucht, indem den Kindern eine Schachtel mit Smarties präsentiert wird, die jedoch nicht mit Smarties, sondern mit Buntstiften gefüllt ist. Kennen die Kinder Smarties (was meistens der Fall ist), beantworten sie die Frage, was diese enthalte, mit ‚Smarties'. Nach dem Öffnen der Schachtel erkennen sie aber, dass sie Buntstifte enthält. Nun werden sie gefragt: „Wenn wir die Schachtel wieder schließen und deine Freundin zur Tür hereinkommt, was wird sie sagen, was in der Schachtel drin ist?" Die dreijährigen Kinder werden nun sagen, dass die Freundin wisse, dass in der Schachtel Buntstifte seien. Der Versuch kann auch mit anderen Akteuren wie z. B. Puppen gemacht werden, die sich zum Inhalt der Schachtel äu-

> ßern sollen – die Kinder werden auch hier sagen, dass die Puppe, die nicht im Zimmer ist, wisse, dass in der Schachtel Buntstifte seien. Sie können also nicht einschätzen, dass nicht alle das gleiche Wissen haben können. Sie können auch nicht zwischen ihrem jetzigen und vorherigen Wissensstand unterscheiden, behaupten sie doch sogar, dass sie schon vorher gewusst hätten, dass in der Schachtel Buntstifte seien. Erst mit sechs bis sieben Jahren verstehen die meisten Kinder, dass alle, die nicht schon in die Schachtel geschaut haben, dies nicht wissen können und ebenfalls glauben, dass eine Schachtel mit einem Aufdruck von Smarties auch tatsächlich Smarties enthalte (Gopnik & Astington, 1988; vgl. auch den Versuch von Perner, Leekam & Wimmer, 1987).

### 4.2.5 Strategien zur Problemlösung kennen

Der Aufbau von naturwissenschaftlichem Wissen und der Einsatz von naturwissenschaftlichen Denk- und Arbeitsweisen bedürfen Strategien des Problemlösens. Dazu gehören (neben der oben dargestellten Kategorienbildung und kausalem sowie schlussfolgerndem Denken):

- das Ausprobieren und die Identifikation von wichtigen Merkmalen eines Phänomens wie z. B. die Form, das Gewicht oder das Material eines Vollkörpers beim Schwimmen und Sinken;
- die Nutzung von Hilfsmitteln wie z. B. der Gebrauch eines Löffels zum Herausnehmen eines Gegenstandes, der auf den Boden eines mit Wasser gefüllten Gefäßes gesunken ist;
- die Inanspruchnahme der Kompetenzen von anderen Personen, indem man z. B. um Hilfe bittet;
- das Planen der eigenen Vorgehensweise, bevor man eine Untersuchung oder gar ein Experiment durchführt. Das Planen gelingt allerdings drei- bis sechsjährigen Kindern aufgrund der noch geringen Kapazität ihres Arbeitsgedächtnisses nicht so gut.

Die genannten Strategien können Kinder bereits ab dem Alter von vier Jahren je nach Situation adaptiv einsetzen (vgl. Siegler et al., 2008). Je mehr Strategien Kinder kennen, desto mehr Probleme können sie umso besser lösen.

### 4.2.6 Variablen kontrollieren

Die Variablenkontrollstrategie ist für das erfolgreiche Durchführen von aussagekräftigen naturwissenschaftlichen Experimenten besonders entscheidend. Sie beinhaltet die Strategie bei der Planung und Durchführung eines Experiments, darauf zu achten, dass zwischen zwei experimentellen Durchgängen jeweils nur eine Variable verändert wird, während alle anderen Variablen gleich gehalten werden müssen (▶ Kap. 2.3; Kuhn & Pearsall, 2000).

Soll zum Beispiel untersucht werden, ob große Gegenstände schwimmen, dürfen nur Objekte verglichen werden, die sich in ihrer Größe, nicht jedoch in ihrer

Form und ihrem Material unterscheiden. Inhelder und Piaget (1964) stellten fest, dass es sieben- bis neunjährigen Kindern nicht gelingt, bei der Untersuchung des Rollverhaltens eines Spielzeugautos auf einer schiefen Ebene, an dem ein Gewicht befestigt war, diese Strategie selbsttätig einzusetzen.

Dennoch können Kinder – bei einfacher Untersuchungsanordnung – ein Experiment identifizieren, in dem die Variation so umgesetzt wurde, dass relevante Informationen gewonnen werden können: Werden Erstklässler gefragt, ob sie eine Falle mit großer oder kleiner Öffnung aufstellen würden, um herauszufinden, ob eine große oder kleine Maus den Käse hole, können über 60 % der Kinder die Frage richtig beantworten und wählen die Schachtel mit der kleinen Öffnung (Sodian, Zaitchik & Carey, 1991). Studien von Ape und Leuchter (2016) hingegen zeigen, dass weniger als 10 % der vier- bis sechsjährigen Kinder fähig sind, unter zwei Vorschlägen von Experimenten dasjenige zu wählen, bei dem die Variablenkontrollstrategie korrekt angewendet wird.

**Kasten 6: Untersuchung von Ape und Leuchter (2016) zur Variablenkontrollstrategie**

Die Frage, ob bereits Vorschulkinder im Alter zwischen vier und sechs Jahren unkonfundierte Experimente identifizieren können, wurde in einer Studie von Ape und Leuchter (2016) untersucht. Dazu wurden 45 Kinder in einer 20-minütigen Einzelbefragung mit Bildern zur Anwendung der Variablenkontrollstrategie getestet. Die Kinder wurden z. B. zum Thema *rollende Autos* befragt. Nach einem Demonstrationsteil zur Verständnisklärung der Bilder, bei dem die verschiedenen Bahnen (glatt oder wellig) und die verschiedenen Fahrer (Tiger oder Löwe) eingeführt wurden, wurde den Vorschulkindern je eine Hypothese pro Item vorgegeben („Du glaubst, dass es am Boden der Bahn liegt, dass nur ein Auto bis zur Wand rollt. Mit welchem Bild kannst du das zeigen?"). Jede der 20 Fragen beinhaltete zwei Antwortoptionen:

1. kein Experiment: Der Boden der Bahn wurde gleich gehalten, aber einmal wurde der Tiger, einmal der Löwe als Fahrer ausgewählt.
2. Anwendung der Variablenkontrollstrategie: Veränderung des Bodens und Konstanthaltung der Fahrer.

Die Kinder konnten aufgrund ihrer Antworten dahingehend eingeteilt werden, ob sie hauptsächlich raten (0), kein Experiment wählen (1) oder die Variablenkontrollstrategie anwenden (2).
Die Ergebnisse zeigten, dass über die Hälfte der Vorschulkinder (53 % und 52 %) geraten hat. Diese haben also weder Antwortoption (1) noch Antwortoption (2) durchgehend gewählt. Lediglich 8 % der Kinder haben sich hauptsächlich für Antwortoption (1) und 39 % für Antwortoption (2) entschieden.

### 4.2.7 Koordination von Theorie und Evidenz

Falls bei einem Experiment die Evidenz (das Ergebnis) nicht der aufgrund einer Theorie formulierten Vermutung entspricht, muss die ursprüngliche Theorie verändert werden (▶ Kap. 2.3). Dazu müssen Theorie und Evidenz unterschieden werden und ein Verständnis der Beziehung zwischen Theorie, Vermutung und

Evidenz vorhanden sein. Über diese Fähigkeiten verfügen Kinder schon ab ca. vier Jahren, falls das Experiment einfach ist und die gleichen Vorgehensweisen immer die gleichen Ergebnisse ergeben. Koerber, Sodian, Thoermer und Nett (2005) haben Kindern erzählt, dass eine Puppe glaubt, grüne Kaugummis würden schlechte Zähne verursachen (Theorie). Sodann sahen die Kinder Bilder, die Kinder mit guten Zähnen und grünen Kaugummis sowie Kinder mit schlechten Zähnen und roten Kaugummis zeigten. 90 % der vier-, fünf- und sechsjährigen Kinder schlussfolgerten, dass die Puppe nun nicht mehr an ihrer ursprünglichen Theorie festhalten würde. Wenn sie allerdings auch Bilder sahen, die Kinder mit schlechten Zähnen und grünen Kaugummis zeigten, dann hielten sie an ihrer ursprünglichen Theorie fest und zogen nicht den deduktiven Schluss, dass Kinder, die gute (!) Zähne hatten und grüne Kaugummis kauten, eine Widerlegung ihrer Theorie darstellten. Demnach haben noch sechsjährige Kinder Schwierigkeiten, die logische Konsequenz daraus zu ziehen, dass bereits ein Gegenbeispiel eine allgemeine Aussage widerlegt – es sei denn, eine Alternativerklärung für das Auftreten des Gegenbeispiels kann gefunden werden.

## 4.3 Bereichsspezifisches Wissen im Themenfeld Physik

Im vorherigen Abschnitt wurde das (zum Teil noch unzureichende) implizite Basiswissen von Kindern im Alter bis zu sechs Jahren in Bezug auf naturwissenschaftliche Denk- und Arbeitsweisen beschrieben, das aufgrund fehlender Möglichkeiten, das Wissen explizit zu äußern, indirekt mit den oben beschriebenen Methoden Blickzeitmessungen und Habituation erfasst wurde. Da in den Naturwissenschaften und auch in der Naturwissenschaftsdidaktik Denk- und Arbeitsweisen mit naturwissenschaftlichem Wissen verbunden sind, werden nun einige Aspekte bereichsspezifischen physikalischen Wissens erörtert.

In Kapitel 2.5 (▶ Kap. 2.5) wurden exemplarisch drei naturwissenschaftliche Konzepte (Material, Stabilität und Energie) vorgestellt, die sich für die frühe naturwissenschaftliche Bildung in der KiTa gut eignen. Für diese sind verschiedene Aspekte bereichsspezifischen Wissens wichtig, wie z. B. das Verständnis von Masse, Materie, Volumen, Dichte und Gewicht (▶ Kap. 4.3.1ff.). Im Folgenden werden Ergebnisse berichtet (vgl. Wilkening et al., 2006), die zeigen, über welches physikalische Vorwissen Kinder im Alter zwischen zwei und sieben Jahren und z. T. auch später verfügen.

### 4.3.1. Masse, Materie, Volumen, Dichte, Gewicht

Kinder zwischen drei und sechs Jahren verfügen bereits über basales Wissen zum Material (etwas ist aus etwas gemacht oder besteht aus etwas). Allerdings ist ihr Wissen, über welche weitergehenden Eigenschaften ein Material verfügt, augenscheinlich abhängig von der Form, Konsistenz und Funktion, in der bzw. mit der sich ihnen das Material präsentiert. Das lässt sich recht eindrücklich an den Einschätzungen von Kindern zum Schwimmverhalten eines Materials veranschaulichen (▶ Kap. 2.5.1; Dickinson, 1987; Newman & Keil, 2008): Wird Kindern z. B. eine weiße Wachskerze und ein kleines rotes Wachsstück präsentiert, sagen fast 50 % der Kinder, dass beides aus dem gleichen Material gemacht ist, ebenso bei zwei unterschiedlichen Objekten aus Kork oder Ton.

Dennoch begründen Kinder bis ca. neun Jahre ihr Urteil, ob ein Vollkörper schwimme oder sinke, in hohem Maße aufgrund des Gewichts oder der Form oder der Größe des Gegenstands anstatt aufgrund seines Materials (Hardy & Stern, 2011; Leuchter et al., 2011). Die Kinder vermuten beispielsweise, dass ein Holzbrett mit Löchern sinken würde, da es Löcher habe (Erklärung anhand der Form), ein Zahnstocher aus Holz jedoch nicht, weil er so leicht sei (Erklärung anhand des Gewichts). Kinder bis etwa sieben Jahre vermuten, dass Popcorn, das aus einer bestimmten Menge Maiskörner hergestellt worden ist, schwerer werde, weil Popcorn mehr Volumen einnimmt als die ursprünglichen Maiskörner (Erklärung anhand der Größe, Piaget & Inhelder, 1975). In einer Studie von Smith gaben 75 % der vier- bis sechsjährigen Kinder an, dass eine Styroporkugel nichts wiege, während 75 % der acht- bis zwölfjährigen angab, das diese ganz wenig wiege, weil alles ein Gewicht habe. Es wird vermutet, dass die jüngeren Kinder Gewicht als ‚gefühltes' Gewicht verstehen und nicht als eine absolute Größe (Smith et al., 1985).

### 4.3.2 Schwerkraft und Trägheit

Schwerkraft (Gravitation) und Trägheit spielen eine wichtige Rolle hinsichtlich der Stabilität von Objekten (▶ Kap. 2.5.2). Um herauszufinden, ob Kinder über Wissen zur Gravitation verfügen, wurde von Hood (1998) folgendes Experiment durchgeführt: Drei senkrecht angeordnete, undurchsichtige Röhren sind mit drei kleinen Behältern verbunden. Die Aufgabe der zweijährigen Kinder bestand darin, den richtigen Behälter zu finden, in dem der Ball landen würde, wenn er eine der drei Röhren hinunterfällt (▶ Abb. 4). Nun führten die Röhren jedoch nicht auf senkrechtem Wege zum Behälter unter ihrem Eingang, sondern zwei der Röhren kreuzten sich. D. h. den Weg, den zwei der Kugeln rollten, führte überkreuz in den Behälter links bzw. rechts unter dem Eingang der Röhre. Warf man die Kugel vor den Augen der Kinder in die mittlere Röhre, suchten die Kinder jedoch nicht in dem Behälter, zu dem die Röhre ganz offensichtlich führte, auch nicht nach mehreren Versuchen. Vielmehr suchten sie signifikant häufiger in dem Behälter, der senkrecht unter dem Eingang der entsprechenden Röhre lag.

Dieses Ergebnis wird dahingehend interpretiert, dass zweijährige Kinder ein Wissen zur Schwerkraft haben, das sie aber auch in einem Kontext anwenden, in dem dieses Wissen zu falschen Ergebnissen führt. Werden sehr ähnliche Experimente durchgeführt, die Kinder aber nicht dazu aufgefordert, aktiv zu suchen, sondern wird untersucht, wohin sie länger schauen, zeigen die Blickzeitmessungen, dass Kinder ab ca. drei Jahren häufiger zum richtigen Behälter schauen. Daraus wird gefolgert, dass sie Wissen zur Schwerkraft besitzen (Kim & Spelke, 1999).

**Abb. 4:** Röhrenversuch mit zweijährigen Kindern: Wird die Kugel oberhalb der mittleren Röhre fallengelassen, suchen die Kinder die Kugel unter dem mittleren Loch (Hood, 1998).

### 4.3.3 Stützung

Bezüglich der Stützung (ein zentrales Merkmal der Stabilität, ▶ Kap. 2.5.2) zeigen sich schon Säuglinge im Alter von drei Monaten irritiert über den visuellen Eindruck, dass Gegenstände in der Luft zu schweben scheinen: Ihre Blickzeit verlängert sich, wenn eine in der Luft losgelassene Schachtel nicht herunterfällt. Daraus schließt die Forschungsgruppe um Baillargeon (Baillargeon, Needham & Devos, 1992; Needham & Baillargeon, 1993), dass Säuglinge implizit wissen, dass Dinge in Kontakt mit etwas anderem stehen müssen, um nicht herunterzufallen. Bis ca. fünf Monate reagieren sie jedoch nicht weiter, wenn die Schachtel nur in seitlichem Kontakt zu einem Podest steht, danach verlängert sich ihre Blickzeit, wenn der Kontakt nicht von unten kommt. Mit etwa sechs bis sieben Monaten reagieren sie überrascht, wenn die Schachtel zwar von unten gestützt wird, das Ausmaß des Kontakts jedoch nicht ausreicht, um der Schachtel auf dem Podest Stabilität zu verleihen (▶ Abb. 5). Ab dem Alter von ca. einem Jahr wird auch die Form der Schachtel berücksichtigt, und Kinder sind erstaunt, wenn ein stark ausgeprägt asymmetrisches Objekt auf dem Podest stehen bleibt.

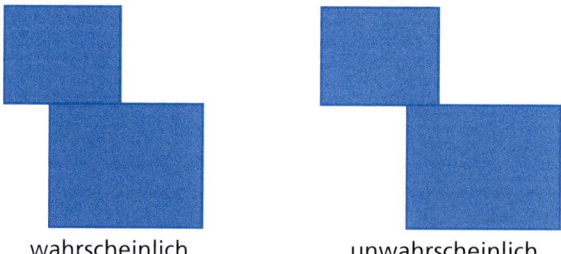

**Abb. 5:** Stützungsversuche mit Säuglingen: Bereits Säuglinge zeigen längere Blickzeiten, wenn ein Klotz ohne ausreichende Stütze (Bild rechts) nicht herunterfällt, sondern in seiner Position verharrt.

## 4.3.4 Gleichgewicht

Auch das Gleichgewicht ist ein zentrales Merkmal für die Stabilität von Objekten (▶ Kap. 2.5.2). Siegler (1978) untersuchte in seinen Studien mit der Balkenwaage, ob Kinder die Stabilität einer Balkenwaage, also ihr Gleichgewicht, korrekt einschätzen können. Die korrekte Einschätzung hilft beispielsweise bei der Entscheidung, dass auf einer Wippe das leichte Kind weiter außen als der schwerere Erwachsene sitzen sollte. Die gleichzeitige Berücksichtigung der Dimensionen *Abstand* und *Gewicht* hängt vom Alter der Kinder ab: Dreijährige Kinder raten; mit fünf Jahren wird ausschließlich das Gewicht beachtet; mit acht Jahren bezieht etwa die Hälfte der Kinder den Abstand mit ein, aber nur, wenn die Gewichte gleich sind. Eine Integration beider Dimensionen gelingt meist erst mit 13 Jahren, jedoch werden Gewicht und Abstand häufig nicht richtig zueinander in Beziehung gesetzt.

Krist (2010) untersuchte, inwiefern es Kindern gelingt, das Gleichgewicht von Objekten auf einem schmalen Brett korrekt einzuschätzen und entsprechend zu handeln. Demnach gelingt handelndes Ausbalancieren und das Einschätzen des Gleichgewichts von Objekten Kindern zwischen drei und acht Jahren kontinuierlich und mit zunehmendem Alter besser. Studien, die die Einschätzung von einzelnen symmetrischen und asymmetrischen Objekten von Kindern erfassen, deuten allerdings darauf hin, dass Kinder bis acht Jahre bessere Leistungen bei symmetrischen Objekten als bei asymmetrischen zeigen (▶ Abb. 6; Krist, Horz & Schönfeld, 2005).

Diese Ergebnisse werden in Studien bestätigt, die dieses Wissen in Bezug auf zusammengesetzte Bauklotzanordnungen untersuchen: Auch dabei fällt es siebenjährigen Kindern leichter, zusammengesetzte symmetrische als asymmetrische Bauklotzanordnungen richtig einzuschätzen (Flottmann, Naber, Plöger & Leuchter, 2014). Es wird vermutet, dass sich Kinder bis ca. 6 ½ Jahren an der geometrischen Mitte des Objekts orientieren und erst mit ca. 7 ½ Jahren den Massenmittelpunkt berücksichtigen, wenn sie das Gleichgewicht von Objekten einschätzen sollen (vgl. Bonawitz, van Schijndel, Friel & Schulz, 2012).

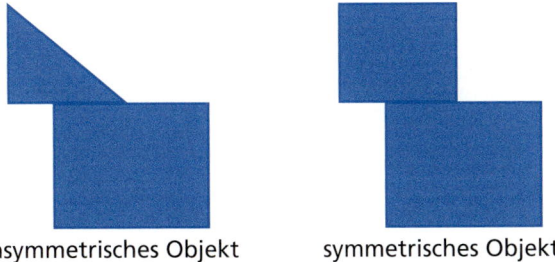

asymmetrisches Objekt    symmetrisches Objekt

**Abb. 6:** Asymmetrische und symmetrische Objekte auf einem Podest. Die Kinder meinen, dass das asymmetrische Objekt ebenfalls auf dem Podest bleibt, weil sich die geometrische Mitte noch auf der Auflagefläche befindet, obwohl sein Massenmittelpunkt schon über der Auflagefläche ist und es somit fallen würde.

54  Individuelle Voraussetzungen früher naturwissenschaftlicher Bildung

### 4.3.5 Solidität

Das Wissen, dass Körper solide sind und einander nicht einfach durchdringen können, ist für die Einschätzung der Stabilität (▶ Kap. 2.5.2) zentral und schon bei Säuglingen vorhanden. Eine Untersuchung von Spelke et al. (1992) hat gezeigt, dass Säuglinge mit etwa vier Monaten verstehen, dass ein Ball nicht durch ein Loch fallen kann, das kleiner als der Ball ist. Dazu zeigten sie den Kindern verschieden große Bälle, die durch ein von vorne sichtbares Loch eines Tisches fielen (▶ Abb. 7). War der Ball größer als der Zwischenraum, schauten sie dieses Ereignis signifikant länger an, als wenn der Ball kleiner als der Zwischenraum war.

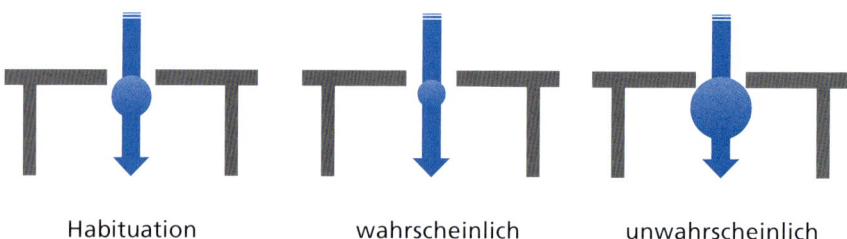

Habituation    wahrscheinlich    unwahrscheinlich

**Abb. 7:** Körper sind solide. Kugeln müssen kleiner als das Loch sein, damit sie durchfallen können. Anhand der Blickzeiten der Säuglinge zeigt sich, ob Kinder es als unwahrscheinlich einschätzen, dass der größere Ball durch das kleine Loch fällt.

Sogar schon mit 2 ½ Monaten verstehen Säuglinge, dass ein Ball nicht durch ein Hindernis hindurch rollen kann. Spelke et al. zeigten den Kindern Bälle, die entweder durch ein Hindernis hindurchrollten (unmögliches Ereignis) oder vor dem Hindernis stehen blieben. Die Blickzeiten der Säuglinge waren signifikant länger beim unmöglichen Ereignis. Im Kontrast dazu stehen die Ergebnisse mit zweijährigen Kindern (z. B. Hood, Carey & Prasada, 2000), die zeigten, dass Kinder im Alter von zwei Jahren ein fallendes Objekt nicht am richtigen Ort suchen, wenn die Bahn des Objekts verdeckt wird, sondern dass sie so suchen, als wenn das Objekt durch ein Hindernis durchfallen könnte. Das weist darauf hin, dass Entwicklungen keineswegs immer linear verlaufen.

### 4.3.6 Kollision

Im Kontext von Kollisionen, die hinsichtlich der Energieumwandlung (▶ Kap. 2.5.3) wichtig sind, reagieren Säuglinge im Alter ab 7 ½ Monaten auf die Verletzung des Prinzips, dass Kontakt zwischen zwei Objekten bestehen muss, die sich gegenseitig mechanisch beeinflussen (Kotovsky & Baillargeon, 2000; Leslie & Keeble, 1987). Sie scheinen also zu wissen, dass Objekte nur bei Berührung Energie an ein anderes Objekt weitergeben können, z. B. kann eine Kugel sich nicht von alleine bewegen oder aus der Ferne in Bewegung gesetzt werden, sondern nur durch Berührung (▶ Abb. 8). Vor dem ersten Geburtstag beziehen Säuglinge für die Beurteilung von Kollisionsproblemen auch die Größe der Objekte mit ein: Wenn ein kleiner oder ein großer Zylinder am Ende einer Rampe mit einem Spielzeugkäfer kollidiert, schauen die Säuglinge signifikant länger hin, wenn der kleine Zylinder den Käfer gleich weit schiebt wie der große Zylinder (Kotovsky & Baillargeon, 1998). Sie scheinen also zu erwarten, dass die Menge der Energie, die weitergegeben wird, von der Größe des Zylinders abhängt.

**Abb. 8:** Die Übertragung von Bewegungsenergie durch Kollision. Kinder ab 7 ½ Monaten scheinen zu erwarten, dass die rollende Kugel die liegende Kugel am Fuß der schiefen Ebene berühren muss, damit sich diese in Bewegung setzt (Kotovsky & Baillargeon, 2000).

### 4.3.7 Bewegung

Die Bewegung von Objekten spielt im Hinblick auf die Energieumwandlung eine zentrale Rolle (▶ Kap. 2.5.3). Eine Vielzahl von Untersuchungen zeigt, dass beim Wurf eines Objektes diesem eine treibende Kraft zugeschrieben wird, welche im Verlauf der Bewegung nach und nach aufgebraucht wird (vgl. Bödecker, 2006). Werden erwachsene Personen dazu aufgefordert, die Flugbahn einer Kugel zu zeichnen, die nach einer Beschleunigung von einer Tischkante fällt, zeichnet nur die Hälfte der Personen die Flugbahn korrekt (▶ Abb. 9; McCloskey, Washburn & Felch, 1983).

In einer anderen Studie ging es darum, einzuschätzen, wie ein Ball, der während des Fahrens losgelassen wird, hinunterfallen würde. Kinder zwischen vier und zwölf Jahren wurden dazu aufgefordert, ihr Ergebnis einerseits aufzuzeichnen, andererseits auszuführen. Nahezu alle Kinder zwischen vier und sechs Jahren neigten zur Einschätzung, dass der Ball gerade herunterfallen würde. Kinder zwischen sechs und zwölf Jahren konnten die Situation eher richtig einschätzen, aber auch hier waren noch ca. die Hälfte der Kinder der Meinung, dass der Ball gerade nach unten fallen würde, wenn er aus einem fahrenden Zug fallen gelassen wird (Kaiser, Proffitt & McCloskey, 1985). Auch in einer Studie von Krist (2000) zeigte sich ein klarer Alterseffekt: Die meisten sechs- bis achtjährigen Kinder wollten den Ball direkt über dem kritischen Punkt fallen lassen, ungefähr die Hälfte der Zwölfjährigen wollte den Ball richtigerweise vor der Markierung loslassen.

Flugbahn korrekt     Flugbahn inkorrekt

**Abb. 9:** Einschätzung von Flugbahnen. Kinder bis ca. acht Jahre meinen, dass eine Kugel beim Herunterfallen nicht eine Parabelbewegung vollzieht, sondern einen ‚Knick' (Flugbahn inkorrekt; vgl. McCloskey, Washburn & Felch, 1983).

### 4.3.8 Zeit und Geschwindigkeit

Zeit und Geschwindigkeit sind ebenfalls zentrale Merkmale der Energieumwandlung (▶ Kap. 2.5.3). Vorschulkinder haben ein recht gut ausgeprägtes Wissen zu Zeitphasen und können zurückliegende Ereignisse in eine Reihenfolge setzen, jedoch nur, wenn das jüngste Ereignis nur kurz zurückliegt und die Ereigniszeitpunkte weit auseinanderliegen (Friedman, 1991). Fünfjährigen Kindern gelingt es auch, in einfachen Situationen die Zeitdauer einzuschätzen; beispielsweise wenn zwei Puppen zur gleichen Zeit eingeschlafen sind, aber die eine früher aufwacht, können sie beurteilen, dass die andere länger geschlafen hat. Bei unterschiedlichen Spielzeugautos beeinflussen unterschiedlich schiefe Ebenen sowie unterschiedliche Geschwindigkeiten die Einschätzung der Dauer (Levin, 1977).

Diese Ergebnisse brachte Wilkening (1981) dazu, die Regeln zu erforschen, welche die Kinder nutzen, um Zeit und Geschwindigkeit einzuschätzen. Er gab den Kindern Aufgaben, in denen sie von den Dimensionen Zeit, Geschwindigkeit und Distanz jeweils zwei Dimensionen präsentiert bekamen, um die dritte daraus abzuleiten. Beispielsweise müssen die Kinder in einer Aufgabe beurteilen, wie viel Distanz eine Schildkröte, ein Meerschweinchen und eine Katze auf der Flucht vor bellenden Hunden zurücklegen können. Bereits fünfjährige Kinder können dabei die relevanten Informationen additiv verknüpfen, indem sie z. B. sagen, dass die Katze für die ersten 70 cm halb so viel Zeit braucht wie die Schildkröte; allerdings bleibt dieser Zeitunterschied auch bei 140 cm und 210 cm erhalten. Erst im Alter ab zehn Jahren sind Kinder in der Lage, die Informationen multiplikativ zu verknüpfen und richtig zu schließen, dass die Katze für die ersten 70 cm halb so viel Zeit braucht wie die Schildkröte, dieser Unterschied aber größer wird, je länger die zurückgelegte Wegstrecke ist.

## 4.4 Schlussfolgerungen im Hinblick auf eine Naturwissenschaftsdidaktik für die KiTa

Die hier zusammengestellten Befunde aus entwicklungspsychologischen Studien beschreiben nur, welche Basiskompetenzen und welches Basiswissen bei Kindern im KiTa-Alter von Wissenschaftlerinnen und Wissenschaftlern identifiziert werden konnten, daraus können jedoch keine direkten didaktischen Schlussfolgerungen gezogen werden, wie Wissen den Kindern optimal vermittelt werden kann. Mit dem hier dargestellten Wissen werden Elemente beschrieben, die im Rahmen einer frühen naturwissenschaftlichen Bildung zu zusammenhängenden und vernetzten Konzepten entwickelt werden können. Auch ist aus entwicklungspsychologischer Sicht kein Set an naturwissenschaftlichen Wissenselementen bekannt, das in der frühen Kindheit aufgebaut werden müsste, weil es in der Grundschule als bekannt vorausgesetzt wird.

Um Kinder in ihrem Erwerb und Aufbau von naturwissenschaftlichem Wissen optimal zu unterstützen, ist es bedeutsam, zuerst zu wissen, welche Vorerfahrungen Kinder bereits gemacht und welches Vorwissen sie daraus gebildet haben (Leuchter, 2013a; Leuchter & Möller, 2014). Denn der wichtigste Vorhersagefaktor für das Lösen anspruchsvoller Aufgaben ist das bereits vorhandene Wissen der Kinder, ihre Vorerfahrungen (Stern, 2003). Je mehr Gelegenheiten Kinder in einem bestimmten Bereich hatten, Erfahrungen und Wissen aufzubauen, umso besser gelingt es ihnen, in diesem Bereich auch anspruchsvolle Aufgaben zu lösen. Dabei spielen das Ausmaß, die Vernetzung und die domänenspezifische Korrektheit des Wissens eine wichtige Rolle. Dies gilt sowohl für den Erwerb von Denk- und Arbeitsweisen als auch von inhaltlichem Wissen.

Bezogen auf die Naturwissenschaften hat dieser Sachverhalt unmittelbare Folgen für die frühe Bildung: Die Anregung zur Auseinandersetzung mit bestimmten Inhalten, die Wiederholung und Vertiefung in einem bestimmten Wissensbereich ermöglichen den Aufbau einer soliden Wissensbasis, die es wiederum erlaubt, neue relevante Informationen zu erkennen, diese in die vorhandene Wissensbasis einzubauen und sie somit zu vergrößern, zu vertiefen und zu vernetzen. Durch ihre Erfahrungen sollten Kinder zwischen drei und sechs Jahren vielfältige eigene Erklärungen entwickelt haben, die sie nutzen und zur Interpretation von wahrgenommenen Phänomenen hinzuziehen (Carey, 2000).

Das Beispiel zum Wasserkippen, in dem untersucht wurde, ob und wie Kinder die Wasseroberfläche in einem gekippten Glas einschätzen (▶ Kap. 4.1), illustriert die Erkenntnis, dass das Wissen der drei- bis sechsjährigen Kinder keineswegs immer in sich schlüssig ist. D. h. drei- bis sechsjährige Kinder können über vielgestaltige Kenntnisse zum gleichen Wissensbereich verfügen, die einander durchaus widersprechen können. Diese Widersprüchlichkeit muss den Kindern nicht auffallen, und wenn doch, lassen sie sich davon häufig nicht stören (▶ Kap. 5.2).

Sind jedoch Denk- und Arbeitsweisen nicht ausreichend eingeübt, dann verfügen Kinder nur bedingt über zentrale Fähigkeiten (z. B. Kategorisieren, schlussfolgerndes Denken oder Problemlösen), die sie nicht nur für die Naturwissenschaften, sondern auch für andere Wissensbereiche benötigen. Um aus dem bislang Gesagten Schlussfolgerungen für eine Didaktik der elementaren naturwissenschaftlichen Bildung ziehen zu können, wird im folgenden Kapitel zunächst aus der Sicht einer Naturwissenschaftsdidaktik das Verständnis von Wissen als Konzepte und von Lernen als konzeptueller Wandel geklärt.

## 4.5 Weiterführende Literatur

Hasselhorn, M. & Grube, D. (2008). Individuelle Voraussetzungen und Entwicklungsbesonderheiten des Lernens im Vorschul- und frühen Schulalter. *Empirische Pädagogik, 22*, 113–126.
Kurzer Überblick über zentrale Aspekte individueller Besonderheiten des Lernens im Übergang von der KiTa zur Schule.
Siegler, R. S., DeLoache, J. & Eisenberg, E. (2008). *Entwicklungspsychologie im Kindes- und Jugendalter.* Heidelberg: Elsevier, Spektrum Akademischer Verlag.
Eingängig geschriebenes Lehrbuch der Entwicklungspsychologie mit vielen Beispielen und Illustrationen.
Wilkening, F., Freund, A. M. & Martin, M. (2009). *Entwicklungspsychologie kompakt.* Weinheim: Beltz.
Lehrbuch zur Entwicklungspsychologie für Bachelorstudierende mit vielen Beispielen.

# 5 ‚Konzept' als zentraler Begriff der Naturwissenschaftsdidaktik

In der Naturwissenschaftsdidaktik wird für mehr oder weniger vernetzte Wissenselemente besonders der Begriff ‚Konzept' verwendet (Chi, 2008; diSessa, 2008; Vosniadou, 1994). Konzepte können nicht nur *wissenschaftlich angemessen* und *wissenschaftlich falsch* sein, in der Naturwissenschaftsdidaktik interessieren insbesondere die sog. *Zwischenkonzepte*.

> **Kasten 7: Wissenschaftlich angemessene und falsche Konzepte, Zwischenkonzepte**
> *Wissenschaftlich angemessen* ist z. B. ein integriertes, vernetztes Konzept zum Zusammenhang von Auftrieb, Verdrängung und Dichte: Damit kann erklärt werden, weshalb ein großes Schiff aus Metall nicht untergeht.
> *Wissenschaftlich falsche* Konzepte hingegen vereinfachen zu stark und sind nicht anschlussfähig an wissenschaftliches Wissen, z. B. dass ein Holzbrett mit Löchern sinke, da Dinge mit Löchern immer untergehen würden.
> Von *Zwischenkonzepten* wird in der Naturwissenschaftsdidaktik dann gesprochen, wenn diese anschlussfähig sind, eine Orientierung in der Welt erlauben und dennoch nicht die Vernetztheit und Differenzierung eines wissenschaftlich angemessenen Konzepts aufweisen. Im Kontext von Schwimmen und Sinken wäre das Materialkonzept ein Zwischenkonzept, welches als Vorläufer des Dichtekonzepts gelten kann und aufgrund dessen einigermaßen adäquate Aussagen zum Schwimmverhalten von Objekten möglich sind, z. B. dass alle Gegenstände aus Holz schwimmen.

Die Erfassung von Konzepten beinhaltet meist die Frage nach der Begründung – damit lässt sich der Begriff Konzept von Wissenselementen abgrenzen (▶ Kap. 4). Die bevorzugte Methode in vielen der bislang angeführten wissenschaftlichen Studien zur Erfassung von Wissenselementen war die Blickrichtungs- und die Blickzeitenmessung. Das Wissen wurde in den meisten Fällen von den Kindern nicht verbal geäußert, sondern über körperliche Reaktionen als implizites Wissen erfasst.

Um hingegen naturwissenschaftliche Konzepte zu erfassen, werden in der Regel Interviews eingesetzt, in denen die Kinder eingehend nach ihren Beurteilungen von bestimmten Sachverhalten befragt und um Begründungen für ihre Urteile gebeten werden (vgl. Vosniadou, 1994). Die Kinder werden teilweise auch dazu aufgefordert, ihre Konzepte zu zeichnen. Auf diese Weise erfasst die Konzeptforschung eher explizites Wissen. So verstanden ist Konzeptforschung bei Kindern zwischen drei und sechs Jahren eher selten; ein Beispiel dazu ist eine Studie zum Materialkonzept im Kontext Schwimmen und Sinken (Leuchter et al., 2011). Viel verbreiteter sind Studien zum impliziten ‚Körperwissen' nicht nur von Säuglingen und Kleinkindern, sondern auch von Kindern zwischen drei und sechs Jahren. Dies könnte mit den begrenzten verbalen Fähigkeiten von Kindern in diesem Alter zusammenhängen.

Kinder verfügen beim Eintritt in die KiTa über Wissen zu Phänomenen der Natur (▶ Kap. 4). Dieses Wissen ist in wissenschaftlicher Hinsicht meist nicht angemessen. Da die Kinder ihre Erfahrungen auf eigenwillige Art in Zusammenhang mit anderen Erfahrungen stellen, bilden sie oft Konzepte, die auf den ersten Blick widersprüchlich und irrational erscheinen. Diese unzureichenden Konzepte werden aber aufgrund von realen Erfahrungen ausgebildet, deshalb haben sie durchaus eine nachvollziehbare Grundlage.

> *Beispiel: Widersprüchliche Vorstellungen zum Konzept ‚Schwimmen und Sinken'*
> Kinder können das Verhalten von Material im Wasser widersprüchlich einschätzen: Wenn Kinder einen großen Holzblock sehen, den sie nicht heben können, werden sie meist überzeugt sein, dass Holz im Wasser sinkt, weil es schwer ist. Wenn sie anschließend einen kleinen Zahnstocher sehen, werden sie möglicherweise sagen, dass Holz im Wasser schwimmt, weil es leicht ist. Sie können also gleichzeitig denken, dass Holz schwimmt und dass es sinkt.

Das Konzept des Kindes in dem angeführten Beispiel könnte umschrieben werden mit: „Es hängt von der Größe und vom Gewicht ab, ob etwas schwimmt oder sinkt: Große und schwere Dinge sinken, kleine und leichte Dinge schwimmen". Im Folgenden wird dargestellt, wie Kinder solche individuellen, anscheinend unangemessenen Konzepte erlernen (▶ Kap. 5.1), und begründet, warum diese Konzepte, einmal gelernt, so stabil sind (▶ Kap. 5.2)

## 5.1 Entstehung von Konzepten

Aus Sicht der Naturwissenschaftsdidaktik wird die Entstehung von Konzepten durch vermutlich zahlreiche Faktoren geprägt, wie z. B.:

- *Wissen*, das schon im Säuglings- und Kindesalter feststellbar ist (▶ Kap. 4; siehe auch die sog. Kernwissensthese nach Spelke, 1994; Carey, 1985; zusammengefasst bei Sodian, 2012).
- *Erfahrungen*, die Kinder in vielen Lebensbereichen handelnd gesammelt haben und sich aufgrund dieser Erfahrungen Vorstellungen zu Alltagsphänomenen machen (Möller & Steffensky, 2010). Beispielsweise haben Kinder schon oft beobachtet, dass große, schwere Dinge nicht hochgehoben werden können. Daraus folgern sie, dass ein großer Baumstamm sinken würde, weil er schwer ist.
- *Sprachliche Begriffe*: Viele Konzepte haben auch einen sprachlichen Kern. Dabei werden sprachliche Begriffe häufig mit Denkweisen verbunden, die bestimmte Vorstellungen beinhalten. Geben, Nehmen oder Aufsaugen sind Begriffe, die Vorstellungen zu einem bestimmten Handlungsablauf hervorrufen, die auf Naturphänomene übertragen werden können, z. B.: „Die Sonne gibt Licht, die Wolke nimmt das Licht der Sonne weg, und die Pflanze saugt Wasser aus dem Boden".
- *Wissen und Erfahrungen von anderen*: Informationen von Eltern, Schule, Freunden oder aus den Medien beeinflussen die Konzepte der Kinder.

## 5.2 Stabilität von Konzepten

Einige der von Kindern gebildeten Konzepte sind sehr stabil und resistent gegenüber Veränderungen (auch *deep structures* genannt, vgl. Möller, 2000; Niedderer & Schecker, 1992). Die Stabilität von Konzepten hängt von unterschiedlichen Bedingungen ab, die noch nicht abschließend geklärt sind.

> *Beispiel: Stabilität von Alltagskonzepten*
> Wir sprechen im Alltag davon, dass Decken, Mützen oder Pullover jemanden wärmen. Kinder werden also aufgrund der Alltagssprache zum Verständnis angeregt, dass diese Gegenstände Wärme aussenden und somit wärmer sind als ihre Umgebung (Erickson, 1979). Das ist auch subjektiv erfahrbar, z. B. fühlt sich ein Merino-Pullover wärmer an als ein Baumwoll-Pullover. Wärme scheint also eine Substanz zu sein, die ein Gegenstand ausstrahlt. Die Wärme kommt jedoch vom eigenen Körper. Mützen, Winterjacken oder Decken halten die Körperwärme fest und lassen keine kalte Luft von außen hinein. Richtiger wäre demnach, von ‚warm halten' zu sprechen, auch wenn damit ein Kind nur schwer zu überzeugen sein wird, dass eine Mütze nicht Wärme aussendet.

Eine Ursache für die Stabilität von Konzepten könnte darin bestehen, dass Kinder gar keinen Anlass haben, ein Konzept in Frage zu stellen, da es im Alltag ausreichenden Erklärungswert hat. So reicht es aus, zu wissen, welche Materialien warm halten, um bei Kälte die richtigen Kleider auszuwählen. Für den Alltag ist es irrelevant, ob hiermit eine naturwissenschaftlich korrekte Vorstellung verbunden ist.

Sollen aber naturwissenschaftlich korrekte Konzepte z. B. zu Wärme aufgebaut werden, muss ein Kind neue Informationen aufnehmen, die geeignet sind, seine Konzepte in Frage zu stellen, z. B. weil sie widersprüchliche Erfahrungen liefern und auf diese Weise sog. kognitive Konflikte erzeugen. Menschen neigen jedoch dazu, ‚sich nicht aus dem Konzept bringen zu lassen', also Informationen nur selektiv wahrzunehmen, um dadurch eigene Vorannahmen bestätigt zu bekommen (auch *confirmation bias* genannt, vgl. Chinn & Brewer, 1993; Mynatt, Doherty & Tweney, 1977) und um kognitive Konflikte zu vermeiden.

So können Kinder Experimente genau beobachten und dennoch nur das sehen, was ihrem Wissen entspricht. Wenn Kinder glauben, dass der Glühdraht einer Glühbirne zuerst an der Stelle zu leuchten beginnt, an der er am Strom angeschlossen ist, machen viele auch genau diese Beobachtung (Schlichting, 2001; in Duit, 2010). Selbst wenn die Kinder die gegenteilige Beobachtung machen, versuchen sie oft eine Erklärung zu finden, die ihren Vorstellungen entspricht und schenken einer anderen Erklärung keinen Glauben. Diese Schwierigkeit, unerwartete Ergebnisse wahrzunehmen, kann jedoch auch bei Wissenschaftlerinnen und Wissenschaftlern beobachtet werden. Nicht zuletzt ist deren Festhalten an herkömmlichen Erklärungsmustern für die Langlebigkeit von etablierten, aber empirisch eigentlich widerlegten oder zumindest deutlich in Frage gestellten Theorien verantwortlich (Kuhn, 1976). So illustriert z. B. die Ablösung des geozentrischen Weltbildes (das die Erde in den Mittelpunkt der Planetenbewegungen sowie der Sonnenbewegung stellt) durch das heliozentrische Weltbild mit der Sonne im Mittelpunkt, dass auch in der Geschichte der Naturwissenschaften Konzepte über Jahrhunderte stabil waren, obwohl schon neue Erkenntnisse vorlagen (vgl. Gentner et al., 1997; Kniebe, 1995).

> *Beispiel: Stabilität naturwissenschaftlicher Konzepte am Beispiel ‚Weltbild'*
> Anfang des 16. Jahrhunderts entwickelte Kopernikus das heliozentrische Weltbild; er erkannte, dass die Planeten die Sonne umrunden und nicht die Sonne die Erde umrundet. Da er den Spott der Fachwelt befürchtete, die das geozentrische Weltbild vertrat, publizierte er seine erste Abhandlung nicht, sondern weihte nur Vertraute ein, um die Schrift dann kurz vor seinem Tod zu veröffentlichen.
> Ein anderer Astronom, der sich insbesondere auf Beobachtungen stützte, war Tycho Brahe (1546–1601). Er hielt dem heliozentrischen Weltbild von Kopernikus (1473–1543) entgegen, dass bei einer Erddrehung von West nach Ost eine Kanonenkugel, die in Richtung der Erddrehung geschossen wird, viel weiter fliegen müsse als ein in entgegengesetzte Richtung abgefeuertes Geschoss. Brahe entwickelte ein eigenes Weltmodell, in dem er geozentrische und heliozentrische Aspekte vereinte: Im Zentrum steht die Erde, um die sich Mond und Sonne bewegen. Alle anderen Planeten kreisen wie bei Kopernikus um die Sonne. Das Weltsystem wurde von Brahe mit genauen Beobachtungen belegt, und bis in die Mitte des 17. Jahrhunderts waren die astronomischen Beobachtungen mit dem Weltbild von Brahe vereinbar. Das Weltbild von Tycho Brahe genügte auch für die Schifffahrt und deren notwendige Orientierung an den Sternen.
> Zur etwa gleichen Zeit wie Tycho Brahe lebte Johannes Kepler (1571–1630), der ausgehend von der Theorie von Kopernikus die elliptischen Bahnen der Planeten um die Sonne berechnete und damit das heliozentrische Weltbild festigte. Kepler erhielt eine Vielzahl von beobachtungsbasierten astronomischen Daten von Tycho Brahe, er konnte darin jedoch zunächst keinen Sinn für die Berechnung der elliptischen Bahnen der Planeten um die Sonne erkennen. Werden nämlich die Umlaufbahnen der Planeten von der Erde aus betrachtet, vollführt beispielsweise der Mars scheinbar Schleifen auf seiner Bahn am nächtlichen Himmel. Kepler verstand, dass er zunächst das Problem der Bewegung der Erde genauer kennen musste, die er mittels geometrischer Analysen bestimmen konnte. Ausgehend von den Daten von Tycho Brahe und in der Überzeugung, dass das heliozentrische Weltbild richtig sei, verbrachte Kepler 20 Jahre mit seinen Forschungen und konnte dann die ellipsenförmigen Planetenbahnen sowie die drei Planetengesetze formulieren.

## 5.3 Schlussfolgerungen im Hinblick auf eine Naturwissenschaftsdidaktik für die KiTa

Es ist nicht davon auszugehen, dass drei- bis sechsjährige Kinder ihre Konzepte verbalisieren und begründen können, warum sie eine bestimmte Situation so oder so beurteilen. Dies weist auf einen wichtigen Aspekt für die naturwissenschaftliche Bildung in der KiTa hin: Den Kindern muss Gelegenheit zu Erfahrungen gegeben werden, um Konzepte aufbauen zu können. Da bisher wenig zu naturwissenschaftlichen Konzepten von Vorschulkindern bekannt ist, ist zunächst festzuhalten, dass Kinder in der KiTa dazu angehalten werden sollten, ihre sinnliche Erfahrung zu beschreiben, um darauf aufbauend einfache Schlüsse zu ziehen und diese zu begründen. Die so erarbeiteten Begründungen können eventuell vor einem Angebot in der KiTa als Präkonzepte erfasst werden und im Zuge der Auseinandersetzung mit einem Angebot verändert werden. Es ist jedoch nicht vorauszusetzen, dass Kinder in der KiTa ihre Präkonzepte äußern können. Sie benötigen eine gezielte Förderung ihrer sprachlichen Fähigkeiten, um ihre Einschätzungen begründen, Vermutungen äußern und Schlussfolgerungen formulieren zu können. Eine Verbalisierung von Denk- und Arbeitsweisen kann und muss in der KiTa gefördert werden, so dass sich die Kinder an einfachen naturwissenschaftlichen Erkenntnisprozessen sprachlich beteiligen können. Denn Kinder tendieren dazu, ganz schnell ‚weiß nicht' zu äußern – eine der häufigsten geäußerten Begründungen, wenn man Kinder von drei bis sechs Jahren zu ihren Konzepten interviewt. Das Ziel der Verbalisierung kann durch die Verwendung anderer Äußerungsformen wie z. B. das Verfertigen von Bildern oder einfachen Ordnungssystemen unterstützt werden. Für die pädagogischen Fachkräfte bedeutet diese sprachliche Förderung viel Geduld und Zeit, um das eigene Handeln und das der Kinder sowie die von den Kindern erlebten Ereignisse sprachlich zu begleiten und die kindlichen Konzepte aufzubauen und zu erweitern.

## 5.4 Weiterführende Literatur

Einsiedler, W. (2009). Neuere Ergebnisse der entwicklungs- und der kognitionspsychologischen Forschung als Grundlage der Didaktik des Sachunterrichts. *Zeitschrift für Grundschulforschung. Bildung im Elementar- und Primarbereich, 2(1)*, 61–76.
Entwicklungs- und kognitionspsychologische Forschungen werden bezüglich ihrer Bedeutung für den Sachunterricht untersucht.
Sodian, B. (2012). Denken. In W. Schneider & U. Lindenberger (Hrsg.), *Entwicklungspsychologie* (7., vollst. überarb. Fassung; S. 385–411). Weinheim: Beltz.
Klarer und knapper Überblick, u. a. auch über naturwissenschaftliches Denken.

# 6 Der Wandel von Konzepten

Die Anregung zu einem Wandel erfahrungsbezogener, vorwissenschaftlicher Konzepte in wissenschaftlich angemessenere Konzepte ist das zentrale Anliegen einer Naturwissenschaftsdidaktik. Die Vernetzung von Wissenselementen zu anschlussfähigen Konzepten sowie deren Ausbau und Umstrukturierung stehen im Vordergrund einer naturwissenschaftlichen Bildung. In der Naturwissenschaftsdidaktik werden Konzepte kurz vor oder zu Beginn eines Unterrichts als Präkonzepte bezeichnet und meist sprachlich oder bildlich durch die Lehrperson erfasst (Schönknecht & Maier, 2012). Es ist davon auszugehen, dass Kinder im Unterricht ihre Präkonzepte in einem langen Prozess zu sog. Zwischenkonzepten ausdifferenzieren und umstrukturieren. Zunächst werden Zwischenkonzepte erreicht, die im Alltag ausreichende Erklärungen bieten. Darauf aufbauend werden allmählich wissenschaftliche Konzepte erlernt (vgl. Möller & Steffensky, 2010). Konzepte und ihr Wandel im Vorschulalter sind bislang wenig untersucht (▶ Kap. 6.1). In Lerntheorien werden Bedingungen für einen Wandel bzw. eine Veränderung von Konzepten formuliert, die als allgemeingültige Bedingungen für Lernen angesehen werden können (▶ Kap. 6.2).

## 6.1 Konzepte und ihr Wandel bei Kindern im Vorschulalter

In einigen wenigen Bereichen wurden naturwissenschaftliche Konzepte von Kindern zwischen vier und sechs Jahren und ihre Veränderung bereits untersucht. Diese Untersuchungen zeigen, dass Vorschulkinder z. B. bereits über basales und naives Wissen zum Konzept „Material" verfügen, dieses aber nicht unabhängig von Form, Funktion und Konsistenz wahrnehmen, was z. B. auch ihre Einschätzung des Schwimmverhaltens von Material beeinflusst (Newman & Keil, 2008). Es wird vermutet, dass dieses basale Verständnis jedoch Ausgangspunkt dafür sein kann, bei Vorschulkindern ein Materialkonzept als Zwischenkonzept aufzubauen, das wiederum als Präkonzept eines wissenschaftlichen Verständnisses vom wissenschaftlichen Konzept ‚Dichte' dienen kann. Bei neunjährigen Kindern konnte gezeigt werden, dass Vorstellungen, bei denen das Material als ein zentrales Merkmal zur Vorhersage des Verhaltens von Objekten im Wasser dient, eine wichtige Etappe in der kognitiven Umstrukturierung hin zu einer wissenschaftlich adäquaten Erklärung von Schwimmen und Sinken sein können (Hardy, Jonen, Möller & Stern, 2004; Leuchter, Saalbach & Hardy, 2014). Kindern, die über ein Materialkonzept verfügen, gelingt es vermutlich besser, ein Dichtekonzept aufzubauen und anschließend zu einem integrierten Konzept von Auftrieb, Dichte und Verdrängung zu kommen. Bei Kindern von drei bis sechs Jahren können in der KiTa also zunächst entwicklungsangemessene vorwissenschaftliche Vorstellungen (Präkonzepte) aufgebaut werden, die grundlegend für spätere Ausdifferenzierungen bis hin zu den entsprechenden naturwissenschaftlichen Konzepten sein können.

In der KiTa kann es also nicht darum gehen, direkt die naturwissenschaftlichen Konzepte zu bilden und seien sie noch so einfach. Vielmehr sollten die Kinder dabei unterstützt werden, sich in der Welt orientieren zu können. Dafür sollten sie sich Basiswissen in vielfältigen (naturwissenschaftlichen) Bereichen aneignen und auf dieses allmählich naturwissenschaftliche Denk- und Arbeitsweisen anwenden können. So werden Basiskonzepte gebildet, die in einem späteren Schritt, z. B. in der Grundschule, ausdifferenziert und/oder so gewandelt werden, dass ein naturwissenschaftliches Verständnis der Zusammenhänge zwischen den einzelnen Wissenselementen entstehen kann (Anders, Hardy, Pauen & Steffensky, 2013; Möller & Steffensky, 2010). Wissenselemente, implizites Körperwissen, falsche Konzepte, Zwischenkonzepte und wissenschaftliche Konzepte können dabei gleichzeitig bei einem Kind existieren, und je nach Situation kann es auf das eine oder andere zurückgreifen.

## 6.2 Bedingungen für einen Wandel von Konzepten

In verschiedenen Theorien zum Erlernen naturwissenschaftlicher Konzepte werden Bedingungen des Wandels von Konzepten formuliert, die als Bedingungen des Lernens im Allgemeinen verstanden werden können. Sie werden im Folgenden als kognitive, motivationale und soziale Bedingungen differenziert und dargestellt.

### 6.2.1 Kognitive Bedingungen für einen Wandel von Konzepten

Die erste und zugleich einflussreichste Lerntheorie bezüglich eines Wandels von Konzepten wurde von Posner, Strike, Hewson und Gertzog (1982) verfasst. Im Fokus steht die Analyse der kognitiven Bedingungen einer solchen Veränderung. Vier Bedingungen müssen erfüllt sein, damit ein bereits erlerntes Konzept geändert werden kann:

- *Unzufriedenheit*: Kinder müssen unzufrieden mit ihren bisherigen Konzepten sein. Erst dann sind sie bereit, sie zu verändern.
- *Verständlichkeit*: Ein neues Konzept muss für die Kinder verständlich sein, anderenfalls ist es für sie nicht möglich, dieses anzunehmen. Die Verständlichkeit bei Vorschulkindern bezieht sich insbesondere auf die Altersangemessenheit des neuen Konzepts.
- *Glaubwürdigkeit*: Kinder müssen vom neuen Konzept überzeugt werden können. Damit ihnen ein Konzept glaubwürdig erscheint, bedarf es eines Bezugs zu ihren Präkonzepten. Das neue Konzept sollte also bis zu einem gewissen Grad an die bestehenden Konzepte anschließen, damit ein Wandel der bisherigen Konzepte gelingen kann.
- *Fruchtbarkeit*: Das neue Konzept sollte zudem zu weitergehenden Einsichten und Entdeckungen führen und eine für sie einleuchtende Erklärung bieten, wenn Kinder ihre bisherigen und ihre neuen Erfahrungen damit interpretieren.

Sind diese Bedingungen erfüllt, kann das neue Konzept angenommen werden und u. U. für weitere Erkundungen wiederum als Präkonzept dienen.

### 6.2.2 Motivationale Bedingungen für einen Wandel von Konzepten

Die vier genannten kognitiven Bedingungen müssen um motivationale Bedingungen erweitert werden (vgl. auch Deci & Ryan, 1993). Wirksame motivationale Bedingungen für den Wandel eines Konzepts bestehen nach Pintrich, Marx und Boyle (1993) dann, wenn das Kind

- eigene Werte mit den Konzepten verknüpfen kann („Material ins Wasser werfen ist schön, darum will ich wissen, warum einiges Material schwimmt und anderes sinkt.");
- eigenständig Lernwege beschreiten kann („Ich kann entscheiden, welche Vermutung ich formuliere.");
- sich beim Lernen naturwissenschaftlicher Inhalte als selbstwirksam empfindet („Ich bin dazu fähig, meine Vermutung zu überprüfen.");
- positive Ziele mit dem Erlernen neuer Konzepte verbindet („Ich möchte meinem kleinen Bruder zeigen, dass Holz schwimmt.").

### 6.2.3 Situative und soziale Bedingungen für einen Wandel von Konzepten

Kognitive und motivationale Bedingungen für einen Wandel von Konzepten sind jedoch auch von sozialen und situativen Bedingungen/Faktoren abhängig (Pintrich et al., 1993).

Das soziale Klima in der Gruppe und die Beziehung zur pädagogischen Fachkraft sind wichtige Einflussfaktoren für den Wissenserwerb. Die Sicherheit, die das Kind innerhalb dieses Gefüges erlangen kann, ermöglicht es ihm, Interessen zu entwickeln und Unbekanntes zu erschließen. Das soziale Umfeld als ein wichtiger Faktor des Lernens ist besonders in der Frühpädagogik verstärkt in den Blick zu nehmen (vgl. Ahnert & Harwardt, 2008).

Geeignete Situationen für eine frühe naturwissenschaftliche Bildung sind z. B. Untersuchungen und Experimente (vgl. z. B. Steffensky, Lankes, Carstensen & Nölke, 2012). Bei Untersuchungen zum Thema ‚Schwimmen und Sinken von Gegenständen' werden beispielsweise schwimmende Holzstücke in einem Bach genau beobachtet. In Experimenten zu diesem Thema können bestimmte Merkmale eines Phänomens gezielt variiert werden, z. B. die Größe oder Form der Holzstücke – das kann am Bach, aber auch in der KiTa durchgeführt werden. Untersuchungen und Experimente ergänzen sich gegenseitig.

Die Situation, in der ein Bildungsangebot erfolgt und ein Konzept entwickelt bzw. gewandelt wird, beeinflusst, ob ein Konzept auch auf eine andere Situation übertragen werden kann. Wird am Bach z. B. das Verhalten unterschiedlicher Vollkörper im Wasser untersucht, ist nicht gewährleistet, dass Kinder auf diese Situation Bezug nehmen können, wenn sie in der KiTa das gleiche Phänomen untersuchen und umgekehrt. Auch das Durchführen von Experimenten in der KiTa oder das Bewusstmachen von einzelnen Denk- und Arbeitsweisen (z. B. Beobachten) bedeutet nicht, dass in einem nächsten Experiment oder in einer nächsten Untersuchung daran angeknüpft werden kann; möglicherweise können die Kinder das Konzept nur in dieser einen Situation und in diesem Kontext anwenden.

Werden Untersuchungen in Alltagssituationen durchgeführt, beispielsweise zum Schwimmverhalten unterschiedlich geformter Holzstückchen, liegt die Aufmerksamkeit der Kinder nicht zwingend allein auf den Holzstückchen, sondern kann durch konkurrierende Phänomene wie beispielsweise Tiere im Bach oder schwimmende Blätter abgelenkt werden. Solche Untersuchungen in der natürlichen Umgebung wie einem Bach sind möglicherweise zu komplex und zu wenig organisierbar und kontrollierbar. Dies kann in der KiTa eher gewährleistet werden: Die pädagogische Fachkraft kann die Komplexität und Organisation von Untersuchungen und Experimenten dort eher kontrollieren und steuern. Dabei ist jedoch zu beachten, dass die Bildungsinhalte übersichtlich, strukturiert und entwicklungsangemessen angeboten werden: Beispielsweise sollte für die Untersuchung des Schwimmverhaltens von Körpern deren Größe, Form und Material so dargeboten werden, dass eine Variation dieser Merkmale für das Kind beobachtbar bleibt (▶ Kap. 8).

Für einen Wandel von Konzepten müssen demnach zusammenfassend kognitive Fähigkeiten, Motivation und Interesse des Kindes sowie der soziale Rahmen und die Lernsituation beachtet werden.

## 6.3 Schlussfolgerungen im Hinblick auf eine Naturwissenschaftsdidaktik für die Kita

Aus didaktischer Perspektive ist es für eine frühe naturwissenschaftliche Bildung notwendig, die genannten kognitiven, motivationalen, sozialen und situativen Bedingungen des Lernens zu berücksichtigen und

- die Aufmerksamkeit der Kinder auf naturwissenschaftliche Phänomene zu lenken;
- die Kinder dazu anzuregen, naturwissenschaftliche Phänomene zu deuten und darauf aufbauend weitere Fragen zu generieren („Der Baumstamm schwimmt, weil er aus Holz ist. Wird wohl ein kleiner Zahnstocher auch schwimmen?");
- den Kindern zu ermöglichen, naturwissenschaftliche Denk- und Arbeitsweisen zu erleben, anzuwenden und ansatzweise zu verstehen („Ich vermute, dass ein kleiner Zahnstocher auch schwimmt. Jetzt will ich es ausprobieren, mit vielen Zahnstochern und das dann in mein Forscherheft zeichnen.");
- die Kinder zu motivieren, eigene Fragen an die Welt zu stellen („Warum schwimmt der große Baumstamm?");
- den Kindern zu ermöglichen, Vertrauen in die eigenen Fähigkeiten zu gewinnen, etwas herausfinden zu können („Ich kann gut Experimente erfinden!");
- ein soziales Klima zu schaffen, damit sich das Kind in der Gruppe mit Kindern mit ähnlichen Interessen sicher aufgehoben fühlt;

- die Kinder dazu anzuregen, die erworbenen Fähigkeiten auch in anderen Kontexten anzuwenden („Beim Schwimmen und Sinken habe ich das Material danach geordnet, ob es schwimmt oder sinkt. Jetzt könnte ich das Material danach ordnen, ob es aus Metall oder aus einem anderen Material ist.").

Diese Anforderungen bilden eine Grundlage für eine Naturwissenschaftsdidaktik in der KiTa. Bevor diese Didaktik in Kapitel 8 skizziert wird, soll zunächst das zugrunde liegende Verständnis von Lernen geklärt werden.

## 6.4 Weiterführende Literatur

Schnotz, W. (2001). Conceptual Change. In D. Rost (Hrsg.), *Handwörterbuch Pädagogische Psychologie* (S. 77–82). Weinheim: Beltz.
Überblick über entwicklungspsychologische, instruktionspsychologische und kognitionspsychologische sowie motivationspsychologische Aspekte von konzeptuellem Wandel.

Jonen, A., Hardy, I. & Möller, J. (2003). Schwimmt ein Holzbrett mit Löchern? In A. Speck-Hamdan, H. Brügelmann, M. Fölling-Albers & S. Richter (Hrsg.), *Kulturelle Vielfalt. Religiöses Lernen* (S. 159–164). Seelze: Kallmeyer.
Beispiel für die Unterstützung des Konzeptwandels von Drittklässlern im Bereich ‚Schwimmen und Sinken'.

Möller, K. & Steffensky, M. (2010). Naturwissenschaftliches Lernen im Unterricht mit vier- bis achtjährigen Kindern. In M. Leuchter (Hrsg.), *Didaktik für die ersten Bildungsjahre: Unterricht mit 4- bis 8-jährigen Kindern* (S. 163–178). Zug: Klett und Balmer.
Beispiel für die Unterstützung des Konzeptwandels von KiTa-Kindern im Bereich Magnetismus.

# 7 Das konstruktivistische Verständnis des Aufbaus von Konzepten in den Naturwissenschaften

Die entwicklungspsychologischen Erkenntnisse über die individuellen Voraussetzungen von Säuglingen, Kleinkindern und Vorschulkindern sind eine unentbehrliche Grundlage für die Planung und Durchführung naturwissenschaftlicher Bildungsangebote und die optimale Unterstützung kindlichen Wissenserwerbs (▶ Kap. 4). Der Aufbau von (naturwissenschaftlichen) Konzepten wird hier in erster Linie als eine Konstruktion von Wissen verstanden. Diese konstruktiven Prozesse finden aktiv (▶ Kap. 7.1), in sozialer Interaktion (▶ Kap. 7.2) und in Situationen eingebunden (situativ) (▶ Kap. 7.3) statt. Ziel einer frühen naturwissenschaftlichen Bildung ist der Aufbau, die Vernetzung und Flexibilisierung des Wissens über die Welt, mit dem sich naturwissenschaftliche Phänomene so deuten lassen, dass in der späteren Lernbiographie naturwissenschaftliche Denk- und Arbeitsweisen systematisch auf dieses Basiswissen angewendet werden können. Hinzu kommen ein Verständnis der Anwendung von naturwissenschaftlichen Denk- und Arbeitsweisen, ein Interesse an Naturphänomenen sowie Vertrauen in die eigenen Fähigkeiten, etwas herausfinden und verstehen zu können. Um dieses Ziel erreichen zu können, müssen die kognitiven und sprachlichen Voraussetzungen von Kindern zwischen drei und sechs Jahren einbezogen werden (▶ Kap. 4).

## 7.1 Der Aufbau von Konzepten als selbstregulierter und aktiver Prozess

Der Aufbau von Konzepten ist nach Piaget aktiv und selbstreguliert und gründet auf vorhandenen Erfahrungen, vorhandenem Wissen und vorhandenen kognitiven Strukturen. Nach Piaget wird die kognitive Entwicklung u. a. durch die Störung eines kognitiven Gleichgewichts (Gleichgewicht = Äquilibrium) ausgelöst (Piaget, 1975). Der Prozess des Wiederherstellens des Gleichgewichts wird Äquilibration genannt. Äquilibration zielt also darauf ab, dieses kognitive Gleichgewicht wiederherzustellen, und sie wird durch Assimilation und Akkomodation geprägt. Unter Assimilation wird die Aneignung von neuen Wissenselementen und deren Einpassung in vorhandene Konzepte verstanden, jedoch ohne diese Konzepte umzustrukturieren. Allerdings ist eine Umstrukturierung der Konzepte meist notwendig, um die Einordnung von neuen Wissenselementen zu ermöglichen, die nicht ohne Weiteres zum Konzept passen. Dieser Prozess der Umstrukturierung und Anpassung der eigenen Konzepte wird als Akkomodation bezeichnet.

Weiß ein kleines Kind, dass rote Beeren gut schmecken, wird es auch Eibenbeeren essen wollen. Zunächst assimiliert das Kind also Eibenbeere unter dem

Begriff ‚gut schmeckende Beere' (Assimilation). Nach eindringlichen Erklärungen (seitens der Erwachsenen) wird es verstehen, dass es unterschiedliche Beeren gibt, die rot sind, sein Wissen wird um die Kategorie ‚giftige Beere' ergänzt (Akkomodation) und das Konzept umstrukturiert bzw. erweitert und differenziert. Nun kann es verstehen, dass rote Beeren zwar meistens gut schmecken, es aber auch rote Beeren gibt, die giftig sind. Somit besteht beim Kind erneut ein kognitives Gleichgewicht.

Der Prozess der Äquilibration, der hier exemplarisch beschrieben ist, bedingt ein neugieriges Individuum, das in seinem Explorationsverhalten aktiv nach Informationen sucht. Der Erwerb und Aufbau von Wissen bzw. naturwissenschaftlichen Konzepten ist nicht an bestimmte Lehr-Lernformen gebunden, sondern findet z.B. sowohl bei eigenem Erkunden der Umgebung als auch in gezielten Lehr-Lern-Arrangements statt, in denen beispielsweise Erklärungen durch die pädagogische Fachkraft gegeben werden.

## 7.2 Der Aufbau von Konzepten als sozial gesteuerter Prozess

Die soziale Umwelt des Kindes wird in vielen Theorien als Motor für die Entwicklung und den Aufbau von Konzepten in den Blick genommen. Demnach ist die Entwicklung von Kindern durch soziale Interaktionen geprägt (Vygotsky, 1978). Kinder lernen in ihrem jeweiligen Umfeld und entwickeln intuitive Vorstellungen. Die drei Begriffe ‚Zone der aktuellen Entwicklung', ‚Zone der nächsten Entwicklung' und ‚Zone der potenziellen Entwicklung' verdeutlichen die Prozesse (▶ Abb. 10).

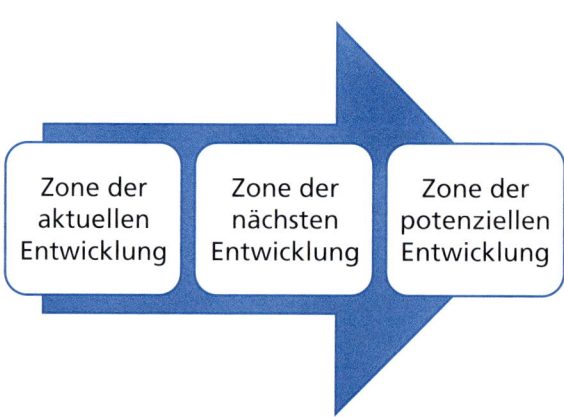

**Abb. 10:** Aufeinanderfolgende Zonen der Entwicklung im Sinne von Vygotsky (1978).

Die Konstruktion von Wissen ist demnach nicht als individueller Prozess zu verstehen, vielmehr haben kognitive Prozesse ihren Ursprung in sozialen und kulturellen Prozessen. Ausgehend von der Zone der aktuellen Entwicklung kann es

Kindern mit angemessener Unterstützung gelingen, die Zone der nächsten Entwicklung zu durchlaufen und die Zone der potenziellen Entwicklung zu erreichen.

Die Zone der potenziellen Entwicklung definiert den nächsten erreichbaren, aber noch nicht erreichten kognitiven Entwicklungsstand, der mit Hilfe der Interaktion mit einem kompetenteren Gegenüber (sei dies ein Erwachsener oder ein Kind) erreicht werden kann. In den Fokus rückt also das Entwicklungsniveau, welches mit Unterstützung erreicht werden kann. In der Interaktion wird das Kind durch die Zone der nächsten Entwicklung zur Zone der potenziellen Entwicklung hin begleitet. Um die Zone der nächsten Entwicklung zu erreichen, werden Anregungen und Hilfen durch Eltern, Lehrpersonen oder Peers benötigt. Gemeinsame und geteilte Aufmerksamkeit ist die Grundlage des Aufbaus von Konzepten, und die Sprache ist ein wesentliches Werkzeug, das geistige Entwicklung in Interaktionen ermöglicht. In diesem Sinn kann Experimentieren im naturwissenschaftlichen Angebot als kultureller Prozess gesehen werden, in dem die Teilnehmenden mit- und voneinander lernen und so die Zone ihrer potenziellen Entwicklung erreichen.

## 7.3 Der Aufbau von Konzepten als situierter Prozess

Der Aufbau von Konzepten ist immer gebunden an den jeweiligen Kontext und die jeweilige Situation, in der ein Aufbau von Konzepten stattfindet. Lave und Wenger (1991) bezeichnen diesen Prozess daher als ‚situiertes Lernen'. Der Bildungsinhalt wird demnach in einer spezifischen Situation gelernt, ist in erster Linie in dieser reproduzierbar und anwendbar und lässt sich nur schlecht von dieser Situation lösen. Die Übertragung des Gelernten von einer Situation auf eine andere ist zunächst nur möglich, wenn sich beide Situationen ähnlich sind. Gerade weil Wissen nicht situationsunabhängig erworben werden kann, muss das Gelernte bewusst von einer Situation in die andere übertragen werden; denn bei unsystematischem und isoliertem Lernen, das nicht über die Situation hinausweist, wird sog. träges Wissen aufgebaut. Träges Wissen ist jedoch nicht übertragbar und anwendbar, es wird von Schnotz (2001, S. 80) als Werkzeug bezeichnet, „das man zwar besitzt, aber nicht anwenden kann". Um die Denk- und Arbeitsweise der Dokumentation (siehe Beispiel) zu lernen, muss diese also in einer ersten Situation erworben und bewusst in weitere Situationen übertragen und dort angewendet werden.

> *Beispiel: Situiertes Lernen am Beispiel ‚Dokumentieren'*
> Lernen Kinder das Dokumentieren im Kontext der Untersuchung des Verhaltens von Vollkörpern im Wasser und in einem Setting, in dem ihnen Protokollblätter zur Verfügung stehen, ist es im Sinne des ‚situierten' Lernens" unwahrscheinlich, dass sie die erworbenen Kompetenzen selbstständig auf den Inhaltsbereich Farbe übertragen können. Die pädagogische Fachkraft muss deshalb die Kinder an die vorher erlebte Situation erinnern: „Weißt du noch, wie du aufgezeichnet hast, was geschwommen und was gesunken ist? Das hast du doch gemacht, damit du dich später noch erinnern und es den anderen Kindern erzählen konntest. Du

könntest doch das jetzt ähnlich machen, wenn du die Farbe mischst. Wie würdest du das nun aufzeichnen, wie viel blaue Farbe du zur roten gemischt hast, um dieses Lila zu erhalten?"

## 7.4 Beschränkungen der Informationsverarbeitung von Drei- bis Sechsjährigen

Soll bei drei- bis sechsjährigen Kindern naturwissenschaftliches Wissen aufgebaut werden, muss die pädagogische Fachkraft beachten, dass das Verarbeiten und Behalten von Informationen in diesem Alter noch eingeschränkt ist. Insbesondere ist es wichtig, die noch deutlichen Beschränkungen des sog. Arbeitsgedächtnisses bei Bildungsangeboten zu berücksichtigen.

Das Arbeitsgedächtnis kann als psychisches Verarbeitungszentrum verstanden werden. Hier werden Informationen, die über die Wahrnehmung aufgenommen wurden, verarbeitet und eventuell an das Langzeitgedächtnis weitergegeben. Die Kapazität der Informationsaufnahme und die Behaltensdauer des Arbeitsgedächtnisses sind begrenzt. Je mehr Wissen/Erfahrungen vorhanden sind, desto besser können neue Informationen aufgenommen und desto mehr Wissenskomponenten können schon von drei- bis sechsjährigen Kindern kurzzeitig behalten werden (zusammengefasst bei Hasselhorn & Grube, 2006; Spangler & Schwarzer, 2008).

Das Arbeitsgedächtnis steuert zudem zielgerichtetes und planvolles Handeln, indem irrelevante Informationen ausgeblendet und die Aufmerksamkeit auf relevante Informationen gelenkt werden. Diese Fähigkeit entwickelt sich im Laufe der Kindheit: Im Alter von fünf Jahren bis in die Pubertät werden bestimmte Funktionen im Frontalhirn aufgebaut, die die Kapazität der aufzunehmenden Information, der Planungsfähigkeit und der Fokussierung der Aufmerksamkeit beeinflussen. Drei- bis sechsjährige Kinder setzen noch kaum Strategien ein, um Ziele und Pläne zu formulieren oder avisierte Ziele zu erreichen. Zielgerichtetes und planvolles Denken und Handeln sind jedoch grundlegend für komplexe Aufgabenbearbeitung und somit ausschlaggebend für den reflektierten Einsatz von Denk- und Arbeitsweisen (Hasselhorn & Gold, 2006).

**Kasten 8: Überblicksstudie über die Entwicklung der Gedächtnisspanne für Wörter, Buchstaben, Zahlen**

In einem Überblick, in dem die Mittelwerte von 18 Studien einbezogen wurden, konnte Dempster (1981) zeigen, dass sich die Gedächtnisspanne zwischen zwei und sechs Jahren für Zahlen von zwei auf fünf erhöht, für Buchstaben von drei auf etwas über vier. Zwischen fünf und sechs Jahren erhöht sich die Gedächtnisspanne für Wörter die von dreieinhalb auf etwas über vier. Danach erhöhen sich die Werte bis ins Erwachsenenalter (▶ Abb. 11).

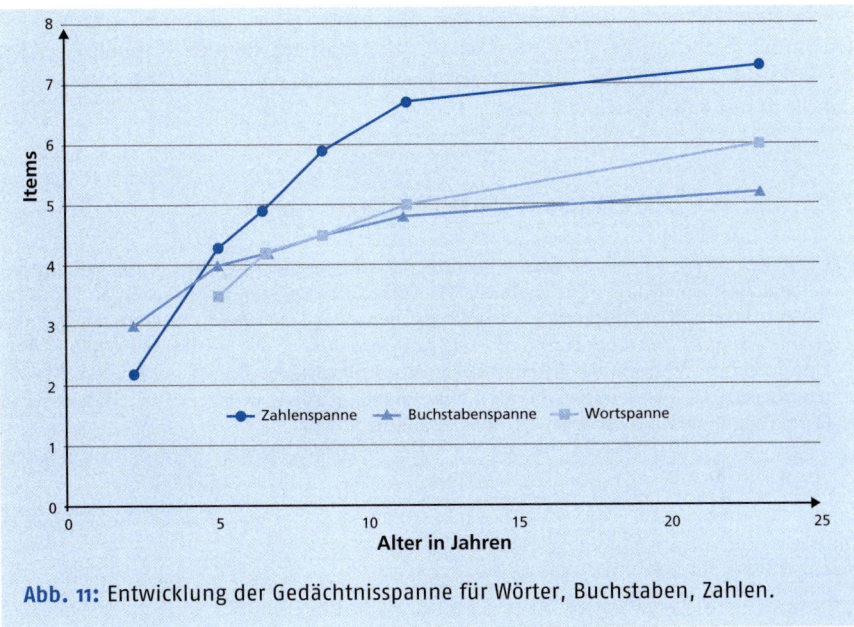

**Abb. 11:** Entwicklung der Gedächtnisspanne für Wörter, Buchstaben, Zahlen.

## 7.5 Schlussfolgerungen im Hinblick auf eine Naturwissenschaftsdidaktik für die KiTa

Das Verständnis des Wissenserwerbs als ein selbstregulativer, aktiver, sozialer und situativer Prozess stellt für eine didaktische Theorie des Lehrens keine direkt ableitbaren Begriffe zur Verfügung (Reusser, 2006; Richardson, 2003). Eine didaktische Theorie im Anschluss an konstruktivistische Vorstellungen des Erwerbs und Aufbaus von Wissen unter Berücksichtigung entwicklungsbedingter Besonderheiten wie z. B. den Einschränkungen des Arbeitsgedächtnisses kann nur als Ideal verstanden werden, das eine verbindende Sichtweise auf das Angebot, die Anregung und Begleitung von Bildung in der KiTa erlaubt, wie im folgenden Kapitel beschrieben wird (Leuchter, Saalbach & Hardy, 2010).

Diese didaktische Theorie schließt weder indirekte Begleitung noch direkte Anleitung aus: Die pädagogische Fachkraft muss sowohl Bildungsangebote machen, bei denen das Kind sehr viel eigenständig arbeiten kann, aber auch solche, bei denen sie das Kind sehr gezielt unterstützen muss. Damit das aufgebaute Wissen und die Kompetenzen über die jeweilige Situation hinaus angewendet werden können, sind Wiederholungen in Variationen und weiteren Kontexten wichtig. Im Vordergrund steht der vom Vorwissen ausgehende Aufbau von naturwissenschaftlichen Konzepten und das Anregen und Unterstützen des Wandels von Konzepten über naturwissenschaftliche Phänomene, soweit sie Wissenselemente beinhalten, die in Widerspruch zu naturwissenschaftlichen Erkenntnissen stehen.

Nach dieser Klärung der Bedingungen des Erwerbs und Aufbaus von Wissen und unter Einbezug der Erkenntnisse aus den vorhergehenden Kapiteln werden im Folgenden praktische Anregungen gegeben, wie eine Naturwissenschaftsdidaktik in der KiTa aussehen kann.

## 7.6 Weiterführende Literatur

Reusser, K. (2006). Konstruktivismus – vom epistemologischen Leitbegriff zur Erneuerung der didaktischen Kultur. In M. Baer, M. Fuchs, P. Füglister, K. Reusser & H. Wyss (Hrsg.), *Didaktik auf psychologischer Grundlage. Von Hans Aeblis kognitionspsychologischer Didaktik zur modernen Lehr- und Lernforschung* (S. 151–168). Bern: hep-verlag. Diskussion der Wurzeln des pädagogischen Konstruktivismus-Begriffs und dessen Ausdifferenzierung in konstruktivistisches Lernverständnis sowie Konzepte der didaktischen Gestaltung konstruktivistischer Lernumgebungen.

# 8 Naturwissenschaftsdidaktik in der KiTa: Anregen und Unterstützen des Aufbaus von naturwissenschaftlichen Konzepten bei Vorschulkindern

Kinder bringen stets ihre Vorstellungen, ihre Erfahrungen und ihr bereits konstruiertes Wissen in ein Angebot ein, das ihnen in der KiTa gemacht wird. Will eine pädagogische Fachkraft das Lernen naturwissenschaftlicher Inhalte anregen, muss sie den Kindern zunächst Gelegenheit geben, basale Erfahrungen zu sammeln, um darauf aufbauend ihre Vorstellungen zu äußern und sie danach in geeigneter Weise zu bearbeiten. Dabei muss damit gerechnet werden, dass Kinder unterschiedliche Lernwege begehen, die mitunter als Umwege erscheinen.

Diese Individualität sowohl der Erfahrungen und Wissenselemente als auch der Lernwege der Kinder müssen pädagogische Fachkräfte beachten, beispielsweise indem sie die individuellen Erfahrungen, Wissenselemente und Konzepte diagnostizieren und jedes Kind in seinem eigenen Lernweg anregen und unterstützen, fördern und fordern (▶ Kap. 8.1). Darauf folgend werden Prinzipien zur Gestaltung von Angeboten vorgestellt (▶ Kap. 8.2), die die pädagogischen Fachkräfte dabei unterstützen, wirksame Angebote zu planen und die Kinder entsprechend ihrer motivationalen, sozialen und kognitiven Voraussetzungen anzuregen (▶ Kap. 8.3). Abschließend wird eine Gliederung des Lehr-Lern-Prozesses in drei Schritten vorgeschlagen und begründet (▶ Kap. 8.4).

## 8.1 Diagnostik

Diagnostik zielt darauf ab, mit verschiedenen Methoden Informationen über den Entwicklungsstand und den Lernfortschritt zu erhalten. In einigen pädagogischen Kontexten und Auffassungen wird der Begriff Diagnostik irrtümlicherweise mit dem Begriff einer Defizitorientierung verknüpft. Die pädagogische Diagnostik zielt aber auf die Förderung von Kompetenzen, indem solche Bildungsangebote ausgewählt werden, die auf den diagnostizierten individuellen Entwicklungsstand abgestimmt sind, um auf diese Weise eine effektivere Bildung zu ermöglichen. In der Pädagogik wird zwischen summativer und formativer Diagnostik unterschieden; dabei werden summative und formative Diagnostik mit unterschiedlichen Zielen und zu verschiedenen Zeitpunkten eingesetzt (Liebers & Seifert, 2012).

Summative Diagnostik dient dazu, am Ende eines Lehr-Lern-Prozesses Aufschluss über die erreichten Bildungsziele zu erhalten und erfolgt demnach nach Abschluss eines Lehr-Lern-Prozesses. Summative Diagnostik kommt vor allem beim Schulübertritt zur Geltung und wird meist nicht von den pädagogischen Fachkräften durchgeführt. Standardisierte Tests, die insbesondere zur summativen Diagnostik eingesetzt werden könnten, sind für die naturwissenschaftliche Bildung (noch) nicht erhältlich.

Formative Diagnostik dient dazu, die Entwicklung während des Lehr-Lern-Prozesses zu erfassen, um Schlussfolgerungen in Bezug auf lernunterstützende Maßnahmen ziehen zu können. Formative Diagnostik wird somit während des Lehr-Lern-Prozesses zu unterschiedlichen Zeitpunkten eingesetzt. William und Black (1998) berichten in ihrer Überblicksstudie darüber, dass der Einsatz formativer Diagnostik positive Auswirkungen auf den Lernerfolg hat, nicht zuletzt bei Kindern mit Lernschwierigkeiten. Formative Diagnostik, beispielsweise kontinuierliche zielgerichtete Beobachtungen, unterstützen die pädagogischen Fachkräfte dabei, Stärken und Schwächen von Kindern zu ermitteln und die Kinder wirkungsvoll anzuregen.

Diagnostik in der Naturwissenschaftsdidaktik wird insbesondere formativ eingesetzt (Schönknecht & Maier, 2012). Ziel der formativen Diagnostik ist das Erkennen des momentanen Entwicklungsstandes des Kindes, seiner Interessen und seiner naturwissenschaftlichen Konzepte. Die Kinder sollen dabei umfassend in ihrem Denken, Handeln, ihrer Motivation und ihrem Wissen im Kontext der Naturwissenschaften erfasst werden. Die so gewonnenen Hinweise sind Grundlage einer individuellen Förderplanung (Buholzer, 2011).

Diagnostische Methoden können in der KiTa Beobachtungen, Zeichnungen der Kinder oder Gespräche mit den Kindern sein – vorausgesetzt, die pädagogischen Fachkräfte verfügen über das entsprechende naturwissenschaftliche und diagnostische Wissen, um mit diesen offenen Methoden auf die naturwissenschaftlichen Konzepte schließen zu können, die die Kinder darin ausdrücken. Daher können die im Folgenden dargestellten Bildungsangebote im besten Fall der Diagnose des Erkenntnisstandes des Kindes im entsprechenden naturwissenschaftlichen Inhaltsbereich dienen und auch immer zur kontinuierlichen Kontrolle und zur Unterstützung beim Aufbau naturwissenschaftlicher Konzepte eingesetzt werden.

Steht zur Wahl, ob ein schwierigeres oder leichteres Angebot geplant werden soll, ist zu empfehlen, zunächst eher ein leichteres zu wählen. Kann das Kind dieses Angebot bewältigen, sollte ein schwierigeres Angebot eingesetzt werden, damit die pädagogische Fachkraft wahrnehmen kann, was das Kind bewältigen kann und wo seine Grenzen liegen. Auf diese Weise lassen sich diagnostische Mittel differenziert einsetzen und bilden so die Grundlage einer Förderplanung, mit der der Schwierigkeitsgrad bzw. die Ansprüche im Bildungsangebot kontinuierlich erhöht werden.

## 8.2 Prinzipien der Gestaltung wirksamer Angebote

Der Außenraum der KiTa (Pausenplatz, Spielplatz, Wald, Bach, Wiese) ist wichtiger Erfahrungsort und Anknüpfungspunkt naturwissenschaftlicher Bildung. Im Außenraum kann die Natur in all ihren Formen erlebt und beobachtet werden, können Kinder ihre Fähigkeiten und Fertigkeiten weiterentwickeln und elementare naturwissenschaftliche Tätigkeiten ausüben.

Wenn Kinder z. B. lustvoll im Planschbecken spielen und Material reinwerfen, kann dies ein willkommener Anknüpfungspunkt für eine längere Untersuchung des Schwimmverhaltens von Material sein. Da Anknüpfungspunkte und Möglichkeiten zur naturwissenschaftlichen Bildung oft zufällig entstehen, ist es äußerst anspruchsvoll, naturwissenschaftliche Tätigkeiten unter Einbezug von naturwissenschaftlichen Denk- und Arbeitsweisen aus dem Stand einzuflechten (▶ Kap. 2.6). Es ist aber auch ein weit verbreitetes Missverständnis, dass der Aufbau naturwissenschaftlicher Konzepte nur dann stattfinden kann, wenn an zufällig entstandene Lerngelegenheiten angeknüpft werden kann. Wirksame naturwissenschaftliche Angebote *können* an zufällige Begebenheiten anknüpfen, müssen aber nicht. Sie müssen aber so oder so in der Regel sorgfältig geplant und gestaltet werden. Bei der Planung sind folgende Prinzipien zu beachten:

- Erfahrungen, die Kindern in Form von altersangemessenen Angeboten vermittelt werden, sollten handlungsorientiert sein, wobei die Handlungsabfolge sorgfältig vorstrukturiert und sequenziert werden muss, um den Aufbau naturwissenschaftlicher Konzepte zu unterstützen.
- Grundlage für den wirksamen Aufbau neuen (naturwissenschaftlichen) Wissens ist die Anknüpfung an die vorhandenen individuellen Erfahrungen und (Prä-)Konzepte der Kinder. Nur Erfahrungen, die darauf bezogen sind, ermöglichen es den Kindern, ihr bisheriges Wissen und ihre Konzepte nach und nach auszudifferenzieren und umzustrukturieren, so dass ihr Wissen flexibler und vernetzter wird (Schneider, Vamvakoussi & van Dooren, 2012). Daher sollten naturwissenschaftliche Angebote diese Abfolge einhalten: (1) das Vorwissen bzw. die vorhandenen Konzepte erkennen, (2) daran anknüpfend dieses Wissen bzw. diese Konzepte erweitern.
- Variationen und Wiederholungen regen dazu an, (neue) Erfahrungen zu vertiefen und Wissen besser untereinander zu vernetzen.

### 8.2.1 Handlungsorientierung

Auf die grundlegende Bedeutung des Handelns für die Entwicklung des Denkens hat u. a. Piaget (1975) hingewiesen. Handlung, verstanden als äußere Tätigkeit, allein reicht jedoch nicht aus, um die Welt zu erschließen. Dewey (2009) analysiert den wechselseitigen Bezug von Handeln und Denken und weist darauf hin, dass einerseits Handlungen Denkprozesse unterstützen, andererseits Handlungen ohne Denkprozesse nicht zielgerichtet sein können. Nach Aebli (1980) treten während jeder aufmerksamkeitsgesteuerten Wahrnehmung und Handlung Denkprozesse auf. Die gerichtete Aufmerksamkeit, welche die Wahrnehmungen und Handlungen auf ein mögliches Ziel hin strukturiert, ist mit Denken verbunden. Das Denken kann als „innerliches und abstraktes Probehandeln" (Aebli, 1980, S. 23) gesehen werden. Falls sich bei der Ausführung einer Handlung Schwierigkeiten zeigen, wird ihre Durchführung gestoppt und mögliche Mittel und Wege zur Problemlösung reflektiert.

Vorläufer der Reflexion können schon bei Kindern im Vorschulalter beobachtet werden: Bauen Kinder zwischen vier und sechs Jahren einen Turm aus verschieden großen Klötzen und wählen sie zunächst einen kleinen Klotz als Basis, wird der Turm schnell zusammenbrechen. Auch wenn die Kinder noch nicht zu einer Reflexion fähig sind, werden sie nach ein paar Mal aufhören, den kleinen Klotz als Basis für einen Turm zu verwenden.

Handlungen sind ebenfalls mit einer Situierung in realen Kontexten verbunden, die für Kinder in der KiTa besonders motivierend sind. Es wird vermutet, dass durch Handlungsorientierung die Glaubwürdigkeit des neuen Wissens gestärkt und der Aufbau anschlussfähigen Wissens begünstigt wird (Möller, 2006). Die Unterstützung durch die pädagogische Fachkraft sollte dem Kind ermöglichen, denkend-handelnd komplexe Strukturen eines Bildungsbereiches und damit ein Verständnis der Welt zu erarbeiten. Ausgangspunkt für den Erwerb von Wissen über das Schwimmverhalten von Objekten sind meist Erfahrungen, beispielsweise, wenn Objekte ins Wasser geworfen werden und man erlebt, wie schön das spritzt. Im Sinne einer anschlussfähigen naturwissenschaftlichen Bildung reicht es jedoch nicht, wenn es bei dieser Erfahrung und dem schönen Gefühl bleibt. Die Erfahrung, das Handeln, muss durch gezieltes Nachdenken über die Phänomene mit Hilfe der in Kapitel 2.3 (▶ Kap. 2.3) beschriebenen naturwissenschaftlichen Denk- und Arbeitsweisen verbunden werden. Die Kinder sollen also nach und nach dazu übergehen, zu überlegen, wie sich die Objekte verhalten und ihre Vermutungen formulieren.

*Beispiel: Die Untersuchungen von Materialien in Bezug auf ihr Schwimmverhalten muss Handeln und Denken beinhalten*
Für ein Kind ist es höchst motivierend, wenn es seine Vermutungen zeichnen kann, sie auf Tonband aufgenommen oder sogar von der pädagogischen Fachkraft aufgeschrieben werden. Das anschließende Ausprobieren muss so gesteuert werden, dass immer nur ein Objekt ins Wasser geworfen und aufmerksam beobachtet wird, wie sich das Objekt verhält. Um dies zu unterstützen, sollten die einzelnen Objekte getrennt voneinander, am besten nacheinander dargeboten werden.

### 8.2.2 Strukturierte Sequenzierung der Angebote

Eine strukturierte Sequenzierung von naturwissenschaftlichen Angeboten wird sinnvollerweise durch Merkmale der naturwissenschaftlichen Konzepte (z. B. das Materialkonzept im Kontext von Schwimmen und Sinken) vorgegeben, um die Bildungsinhalte wirksam aufzubauen. Solche in einer sinnvollen Abfolge dargebotene Angebote bieten anschaulich aufbereitete Spielmöglichkeiten, fokussieren diese auf das Ziel hin und lenken die Aufmerksamkeit auf wichtige Aspekte. Durch die Abfolge von Angeboten soll den Kindern ermöglicht werden, Ordnungen, Beziehungen und Gesetzmäßigkeiten zu erkennen, so dass sie diese vor Augen haben und handelnd miteinander verknüpfen können. Das soll die Kinder motivieren und den Aufbau von Konzepten vereinfachen.

Ausgangspunkt für die Angebote sind die Vorerfahrungen bzw. Konzepte, welche die Kinder mitbringen, sowie die Struktur der Sache. Angebote müssen demnach in einem ersten Schritt den Kindern Gelegenheit geben, sachlich angemessene Vermutungen oder Erklärungen zu äußern, um das geäußerte Wissen modifizieren und erweitern zu können.

> *Beispiel: Strukturierung von Objekten, die schwimmen oder sinken*
> Die pädagogische Fachkraft beobachtet gemeinsam mit einigen Kindern Ringe, Stäbe und Platten und thematisiert, aus welchem Material diese gemacht sind. Dazu benennt sie die Objekte und die Materialien und stellt den Kindern Fragen: „Schaut mal, dieser Ring ist aus Holz! Diese Platte ist auch aus Holz. Was meint ihr, woraus ist dieser Stab gemacht?". Sie zeigt dabei auf das betreffende Objekt, so dass klar ist, worum es geht.
> Anschließend gibt sie den Kindern den Stab, damit sie ihn mit allen Sinnen wahrnehmen können. Einige Kinder äußern, dass der Stab aus Stein gemacht sei, andere wieder, dass er aus Plastik sei, wieder andere sagen, er sei auch aus Holz (Leuchter, et al., 2014).
> Anschließend sollen die Kinder vermuten, ob die Objekte schwimmen oder sinken und ihre Vermutungen begründen. Sie sagen, dass es an der Form, der Größe oder dem Gewicht liegt. Nur wenige Kinder werden sagen, dass es auf das Material der Objekte ankommt.

Bei den Erklärungen von drei- bis sechsjährigen Kindern, warum manche Objekte im Wasser schwimmen bzw. sinken, wird deutlich, dass diese auf einzelne hervorstechende Merkmale wie etwa Form, Gewicht oder Größe fokussieren (Hardy et al., 2004). In einem zweiten Schritt können diese Vorstellungen systematisch besprochen und analysiert werden.

- Den Kindern werden unterschiedliche Objekte aus verschiedenen Materialien zur Verfügung gestellt, die ihnen Gelegenheit geben, ihre Vorstellungen zu äußern und diese ggf. in Frage zu stellen: Große und kleine Vollkörper in unterschiedlicher Form wie z. B. Holzscheite, Zahnstocher und Holzbretter mit Löchern werden auf ihr Schwimmverhalten untersucht.
- Das nun aufgebaute Wissen wird vertieft, indem weitere Objekte wie Plastikkugeln, Glaskugeln und Wachskerzen einbezogen und verglichen werden (Leuchter et al., 2011, 2014).
- Wenn die Kinder darüber Klarheit gewonnen haben, dass die Größe und das Gewicht sowie die Form bei Vollkörpern keine Rolle spielen, werden Hohlkörper wie z. B. kleine Schiffchen in das Angebot miteinbezogen.

Die Strukturierung naturwissenschaftlicher Konzepte wird so durch Variationen und Wiederholungen unterstützt.

### 8.2.3 Variationen und Wiederholungen als Grundlage der Vernetzung von Konzepten

Variierende Wiederholungen sind in naturwissenschaftlichen Angeboten eine wichtige Grundlage, um die Vernetzung von Wissen und Konzepten bei den Kindern zu unterstützen (Spreckelsen, 1997). Kinder benötigen wiederholende, fein aufeinander abgestimmte und abgestufte Variationen, z. B. das Erleben von schwimmenden und sinkenden Objekten in unterschiedlicher Form, Größe und

Material. Davon ausgehend, dass ein Objekt mehrere Merkmale haben kann, die variiert werden können, müssen pädagogische Fachkräfte gleichbleibende und veränderbare Merkmale von Objekten identifizieren (Leuchter & Plöger, 2015).

Die Variationstheorie ist nach Marton und Pang (2006) eine wichtige Grundlage zur Gestaltung von Bildungsangeboten. Ein Bildungsangebot muss sachlogische Merkmale in Variationen erfahrbar und vergleichbar machen, um dem Kind zu ermöglichen, diese Merkmale zu erschließen. Marton und Pang analysieren in der Variationstheorie vier verzahnte Lehrstrategien, nämlich Kontrastieren, Trennen, Verallgemeinern und Kombinieren. Konkretisiert werden diese Lehrstrategien nachstehend an den Merkmalen Form (▶ Abb. 12, Nr. 1, 4, 7 und 10), Größe (▶ Abb. 12, Nr. 2, 5, 8 und 10) und Material (▶ Abb. 12, Nr. 3, 6, 9 und 10) von Vollkörpern. Bei den nun genannten Beispielen steht das Merkmal der Form (Loch) von Vollkörpern im Vordergrund.

- *Kontrastieren*: Die Gegenüberstellung von kontrastierenden Merkmalen erlaubt es, diese zu identifizieren. Um zu erkennen, dass Ringe ein Loch haben, muss ein Kind Ringe und Scheiben wahrnehmen, vergleichen und differenzieren können (▶ Abb. 12, Nr. 1).
- *Trennen*: Damit ein spezifisches Merkmal (Loch) wahrgenommen werden kann, muss dessen Ausprägung variiert werden, während zugleich alle anderen Merkmale (Größe, Material) konstant bleiben. Löcher müssen also in unterschiedlicher Ausprägung (an Ringen, Quadraten, etc.) in gleichem Material gleicher Größe zur Verfügung stehen (▶ Abb. 12, Nr. 4).
- *Verallgemeinern*: Um das Merkmal des Lochs unabhängig von anderen Merkmalen wahrnehmen zu können, muss dieses konstant bleiben; gleichzeitig variieren alle anderen Merkmale (Größe, Material). Damit Kinder Löcher verallgemeinern, müssen sie Löcher in unterschiedlichen Größen und anhand von unterschiedlichen Materialien erfahren (▶ Abb. 12, Nr. 7).
- *Kombinieren*: Müssen in komplexen Situationen Merkmale gleichzeitig in Betracht gezogen werden, um ein Phänomen, wie z. B. das Schwimmverhalten eines Objektes, zu erschließen, unterstützt die Wahrnehmung von zugleich variierten Merkmalen den Wissenserwerb. Soll z. B. verstanden werden, dass es nicht auf das Loch und auch nicht auf die Größe, u. U. jedoch auf das Material ankommt, ob etwas schwimmt oder sinkt, ist die gleichzeitige Wahrnehmung der Merkmale Form, Größe und Material unabdingbar (vgl. Leuchter et al., 2014). Große Baumstämme schwimmen, auch wenn sie Löcher haben, kleine Nadeln sinken, auch wenn sie Löcher haben. Dann können die Kinder verstehen, dass die Form und die Größe von Vollkörpern keine Rolle dafür spielen, ob die Objekte im Wasser schwimmen oder sinken (▶ Abb. 12, Nr. 10).

Prinzipien der Gestaltung wirksamer Angebote 81

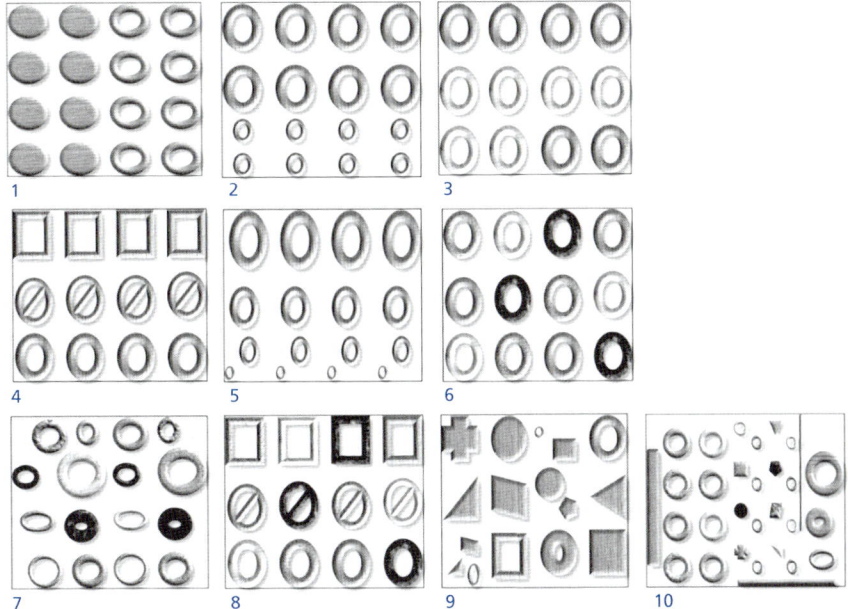

**Abb. 12** Variierte Ordnungen von Form, Größe und Material: Kontrast Form (1); Kontrast Größe (2); Kontrast Material (3); Trennung Form (4); Trennung Größe (5); Trennung Material (6); Verallgemeinerung Form (7); Verallgemeinerung Größe (8); Verallgemeinerung Material (9); Kombination Form, Größe, Material (10).

*Beispiel: Variationstheorie*
Das in Abbildung 12 dargestellte Material wird jeweils in Körben präsentiert. Die zehn Körbe werden auf einem Gestell platziert, mit dem Korb 1 (Ringe und Scheiben) ganz links und dem Korb 10 (alles gemischt) ganz rechts. Den Kindern wird nun nahegelegt, nacheinander jeweils den Inhalt eines Korbes auf sein Schwimmverhalten hin zu untersuchen, indem sie Vermutungen anstellen, die Objekte ins Wasser legen und beobachten, wie sie sich im Wasser verhalten. Die Kinder können die Ergebnisse zeichnerisch festhalten. Werden alle Körbe nach und nach bearbeitet, ist sichergestellt, dass die Kinder alle Merkmale der Objekte auf ihr Schwimmverhalten hin untersucht haben.

Kontrastieren, Trennen, Verallgemeinern und Kombinieren sind Variationen, die erlauben, Merkmale, Regeln und Gesetzmäßigkeiten eines Phänomens wie des Schwimmverhaltens eines Körpers zunächst einzeln zu betrachten, um Zusammenhänge zwischen diesen zu erkennen und zu erschließen. Die fein abgestimmte Aufschlüsselung der Variationen erlaubt es, Wiederholungen durchzuführen, die sich in genau einem Merkmal verändern. Das Entdecken dieser minimalen Veränderungen motiviert die Kinder, sich wiederholt mit dem gleichen Gegenstand auseinanderzusetzen.

Die Handlungsorientierung, die Strukturierung des Angebots und die wiederholenden Variationen in der KiTa sind Bedingungen dafür, den Kindern den Erwerb naturwissenschaftlichen Wissens zu ermöglichen. Darüber hinaus müssen die Kinder dabei unterstützt werden, die nach den oben genannten Prinzipien gestalteten Lernumgebungen zu nutzen und Erfolge ihres neu erworbenen Wissens zu erleben. Die Aufgabe der pädagogischen Fachkraft besteht darin, durch die Bildungsangebote die Kinder zu motivieren, durch Strukturierung des Materials die Handlungen der Kinder zu orientieren und sie beim Vermuten und handelnden Überprüfen ihrer Vermutung zu unterstützen. Dabei ist entscheidend, ihnen so viel (nicht mehr und nicht weniger) Unterstützung zu geben, dass sie ein bisher ohne Unterstützung nicht lösbares Problem selbstständig lösen können. Mit dem Modell des *Cognitive Apprenticeship* lässt sich dieser Anspruch verdeutlichen.

## 8.3 Das Modell des Cognitive Apprenticeship

*Cognitive Apprenticeship* (kognitive Meisterlehre) steht in der Tradition des Konstruktivismus (▶ Kap. 7) und stellt ein Modell für das Anregen und Begleiten des Kompetenzerwerbs dar, in dem kognitive, soziale und situative Faktoren verbunden werden (Collins, Brown & Newman, 1989; Kleickmann, 2012; Leuchter, 2014; Reiser, 2004; Straka & Macke, 2002; van de Pol, Volman & Beishuizen, 2011). Im Modell des *Cognitive Apprenticeship* eingebettet ist nach Wood, Bruner und Ross (1976) der Begriff des *Scaffolding*, was so viel bedeutet wie ‚ein Gerüst zur Verfügung stellen'. Dieses Gerüst soll nur temporär sein und die Kinder dazu in die Lage versetzen, über ihre momentanen Kompetenzen hinauszuwachsen. Dazu setzt die pädagogische Fachkraft materiale und verbale Unterstützungsmaßnahmen ein. Sie beendet die Begleitung von Bildungsangeboten zum gegebenen Zeitpunkt, der nur individuell festgelegt werden kann, indem sie fortschreitend mehr Zurückhaltung übt. Im Modell des *Cognitive Apprenticeship* (▶ Abb. 13) werden drei Hilfen bzw. Unterstützungsmaßnahmen der pädagogischen Fachkraft beschrieben: Sie beginnt mit dem Modellieren, geht dann bei entsprechenden Lernfortschritten des Kindes ins Unterstützen (auch *Scaffolding* genannt) über, bis sie sich in dem Maße zurückzieht, wie das Kind die nötige Kompetenz beherrscht. Auf Seiten des Kindes werden drei Aktivitäten beschrieben: Es beginnt zunächst mit der Exploration der Aufgabe und seiner Kompetenzen, geht dann zu ihrer Reflexion über und versucht schließlich, die Aufgabe und seine Kompetenzen sprachlich zu artikulieren (Artikulation). Die drei Hilfsmaßnahmen der pädagogischen Fachkraft nehmen kontinuierlich ab, während die drei Aktivitäten der Kinder in gleichem Maße kontinuierlich zunehmen. Im Folgenden werden diese Aktivitäten und deren Wechselwirkungen näher charakterisiert.

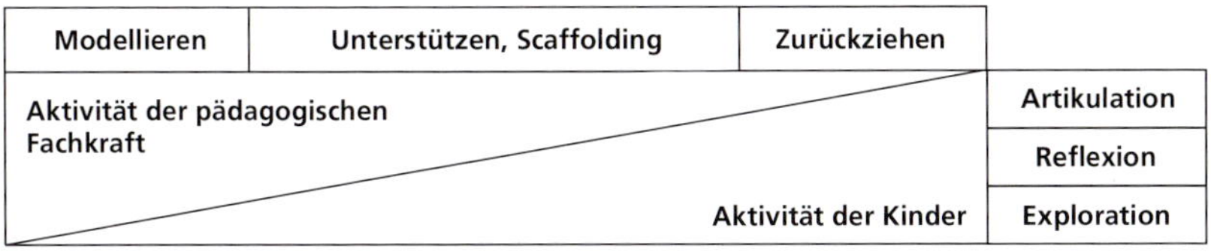

| Modellieren | Unterstützen, Scaffolding | Zurückziehen | |
|---|---|---|---|
| Aktivität der pädagogischen Fachkraft | | | Artikulation |
| | | | Reflexion |
| | | Aktivität der Kinder | Exploration |

**Abb. 13:** Das Modell des *Cognitive Apprenticeship* (vgl. Straka, 2005).

Die drei folgenden Aktivitäten unterstützen den Wissenserwerb des Kindes:

*Exploration*: Das Kind soll explorieren, d. h. sich mit dem Gegenstand (Bildungsinhalt) vertraut machen und ihn erkunden. Hier ist es zentral, dass das Kind den Bildungsinhalt nicht anhand nur eines Beispiels erfassen kann, sondern viele verschiedene gleichartige Gelegenheiten mit diesem Inhaltsbereich bzw. den Gegenständen benötigt, wie dies bereits bei den Variationen und Wiederholungen beispielhaft aufgezeigt wurde (▶ Kap. 8.2.3).

*Reflexion*: Bei der Durchführung von Bildungsangeboten, z. B. einem Experiment, kann den Kindern durch die Unterstützung der pädagogischen Fachkraft (▶ Kap. 8.3.1 und 8.3.2) bewusst werden, dass sie Hilfe brauchen, und sie müssen überlegen, woher sie diese bekommen könnten, um sie ggf. einzufordern. Möglicherweise ist dem Kind zunächst nicht klar, dass es die Ergebnisse seiner Schwimm-Experimente festhalten muss, wenn es sich mit anderen Kindern im Anschluss darüber austauschen will. Im Gespräch mit der pädagogischen Fachkraft werden verschiedene, schon früh einsetzbare Dokumentationsmöglichkeiten (Fotos, Zeichnungen, etc.) überlegt und diskutiert, um dann die geeignete Wahl des Hilfsmittels zu treffen. Mit zunehmendem Alter werden die Reflexionsmöglichkeiten des Kindes elaborierter. Das Vorschulkind im Alter von fünf bis sechs Jahren wird meist schon in der Lage sein, seine bisherigen Erfahrungen mit einem naturwissenschaftlichen Phänomen wie dem Schwimmverhalten von Körpern zu erinnern, seine bisherigen Präkonzepte zu verbalisieren und bei gezielten Bildungsangeboten sein bisheriges Wissen zu erweitern oder auch bewusst zu verwerfen.

*Versprachlichung und Austausch (Artikulation)*: Sprachliche Äußerungen unterstützen Exploration und Reflexion und helfen beim Übertragen des Gelernten auf weitere Merkmale der Gegenstände oder Aspekte der Konzepte. Kinder tauschen Erfolgserlebnisse bei der Bewältigung von Herausforderungen aus, rekapitulieren den eigenen Lösungsweg und hören zu, wenn andere Kinder die ihrigen beschreiben, um so voneinander zu lernen. Dazu müssen sie kontinuierlich (bildungs-)sprachliche Begriffe bzw. Satzkonstruktionen aufbauen, die ihnen helfen, diese Erfahrungen zu versprachlichen. Auf diese Weise festigen und verdichten die Kinder das Erlebte und Gelernte, um es in neuen Kontexten anwenden zu können (Rank & Wildemann, 2015).

Da die Aktivitäten der pädagogischen Fachkraft auf die Aktivitäten der Kinder abgestimmt sein sollten, muss die pädagogische Fachkraft ihre Unterstützungen dem Entwicklungs- und Wissensstand des Kindes anpassen und die Zone seiner nächsten Entwicklung beachten (▶ Kap. 7).

Die vier folgenden Aktivitäten kennzeichnen die Unterstützungsmaßnahmen der pädagogischen Fachkraft:

*Modellieren*: Die pädagogische Fachkraft modelliert einzelne Schritte, indem sie diese vorführt und/oder laut denkt (vgl. Nayfield, Brenneman & Gelman, 2011). Begleitendes lautes Denken kann dem Kind helfen, die einzelnen Schritte nachzuvollziehen und zu verinnerlichen (Vygotsky, 1978). Dabei können sowohl gelingende Lösungsschritte („Ich drücke das Objekt unter Wasser, um zu beobachten, ob es nach dem Loslassen unten bleibt oder nach oben kommt und dann oben bleibt.") als auch sog. Holzwege („Ich möchte am liebsten alles auf einmal reinwerfen. Oh, das sollte ich aber nicht, sonst kann ich nichts erkennen.") laut denkend modelliert werden (vgl. Lepper & Woolverton, 2002).

*Unterstützen, Scaffolding*: Die Unterstützungstätigkeit entspricht einem Gerüst, das dem Kind gegeben wird und an welchem es sich im Bedarfsfall orientieren kann. Pädagogische Fachkräfte unterstützen, indem sie Lösungsstrategien beobachten und, falls notwendig, eingreifen, beispielsweise bei Motivationsrückgang, bei Schwierigkeiten der Bearbeitung der Fragestellung oder bei Hilfeersuchen der Kinder. Um z. B. das Ordnen von Objekten zu unterstützen, kann es angemessen sein, dass die pädagogische Fachkraft dem Kind hilft, zunächst Ordnungskriterien (Größe, Farbe, Form, Gewicht, Material etc.) durch Überlegungen zu finden; das fördert gleichzeitig auch „das Denken als Ordnen des Tuns" (Aebli, 1980): Anhaltspunkte werden gegeben, von denen ausgehend das Kind selbst weiterkommen kann. Sobald das Kind dazu in der Lage ist, eigenständig zu arbeiten, wird dieses Hilfsgerüst schrittweise wieder entfernt.

Obwohl in der Forschung keine einheitliche Definition von *Scaffolding* besteht und vielfältige Entwicklungs-, Beobachtungs- und Evaluationsstudien unterschiedliche Begriffe von *Scaffolding* verwenden (Einsiedler & Hardy, 2010), können im Hinblick auf die Praxis zwei zentrale Tätigkeiten unterschieden werden: *Scaffolding*-Tätigkeiten können einerseits materialbezogen, andererseits sprachbezogen sein, wobei meistens eine Kombination angemessen ist.

*Zurückziehen*: Ziel des *Cognitive Apprenticeship* ist das Zurücknehmen der Unterstützung durch die pädagogische Fachkraft und das eigenständige Weitererkunden (Exploration), die Reflexion und auch der gegenseitige Austausch (Artikulation) durch die Kinder. Bei Bedarf kann die pädagogische Fachkraft Fragen stellen, die jedoch kaum mehr anweisenden Charakter haben, sondern eher darauf abzielen, dem Kind zu zeigen, dass es nicht alleine gelassen wird und dass seine Aktivitäten auf Interesse stoßen. Solche Aussagen könnten beispielsweise lauten: „Was hast du gerade vor?"; „Woran bist du?".

In den letzten Jahren haben vielfältige Forschungsansätze mit Hilfe des *Scaffolding*-Begriffs die Anregung und Unterstützung des Kompetenzerwerbs untersucht (Hardy, 2012; Möller, Jonen, Hardy & Stern, 2002; van de Pol et al., 2011). Dabei können materiale und verbale Hilfen unterschieden werden. Im Folgenden werden diese genauer ausgeführt.

### 8.3.1 Materiale Hilfen

Materiale Unterstützungsmaßnahmen umfassen im weitesten Sinn alle nicht-verbalen Anregungen und können – von der pädagogischen Fachkraft vorbereitet – den Erwerb und Aufbau von naturwissenschaftlichen Konzepten einleiten, strukturieren und aufrechterhalten. Nach einer Einführung dargeboten, können materiale Anregungen die Kinder dabei unterstützen, selbstständig die Gegenstände zu erkunden und damit bei entsprechender Organisation und Ordnung der Gegenstände (Struktur der angebotenen Materialien) bereits zu neuen Erkenntnissen über ihre Eigenschaften und Merkmale oder sogar ‚Aspekte des Konzeptes' (▶ Kap. 8.2.3) gelangen.

Vorbereitete, strukturierte Angebote bieten motivierende Lerngelegenheiten. Mit ausreichend vorhandenen, anregenden Materialien, anspruchsvollen Themen und herausfordernden Problemstellungen sowie gezielten Unterstützungen werden Möglichkeiten eröffnet, dem Kind Aufgaben anzubieten, die dem Entwicklungsstand seiner ‚Zone der nächsten Entwicklung' entsprechen (Leuchter et al., 2010, ▶ Kap. 7.2). Den Kindern steht im Idealfall ein ständiges, breites, strukturiertes Angebot zur Verfügung.

Die angemessene Einführung des Angebots durch die pädagogische Fachkraft ist notwendig, damit die Kinder das Material auch selbstständig und produktiv nutzen können. Im Bereich des Aufbaus eines Materialkonzepts im Kontext ‚Schwimmen und Sinken' reicht es nicht, einfach Holzobjekte in verschiedenen Formen, Größen und Gewichten und ein Plastikbecken mit Wasser bereitzustellen, sondern Styropor, Plastik, Metall und Wachs müssen ebenfalls in ausreichender Menge und wohlgeordnet bereitgehalten werden (Leuchter et al., 2011, 2014). Bei Bedarf müssen auch noch weitere Materialien hinzukommen, wobei bei der stetigen Erweiterung im gleichen Inhaltsbereich darauf zu achten ist, dass das Interesse der Kinder nicht vollständig nachlässt.

Durch eine intelligente Gestaltung und Einrichtung der Räumlichkeiten in der KiTa werden verschiedene Angebote und ihre Struktur sichtbar gemacht.

Naturwissenschaftliche Materialien in der KiTa

- werden nach dem Inhaltsbereich in Bereiche oder gestaltete Ecken geordnet (z. B. Schwimmen und Sinken, Pflanzen, Holzwerkstatt, Baumaterialien, Tiere);
- sind innerhalb des Inhaltsbereiches im Sinne eines konzeptuellen Wandels offen auf dem Gestell strukturiert (z. B. Materialkonzept: Variation der Materialien nach Form, Größe und Gewicht geordnet).

Die Materialien sollten

- den Kindern frei zugänglich und nicht in Schränken verschlossen sein,
- ästhetisch ansprechend sein,
- übersichtlich präsentiert werden,
- Aufforderungscharakter haben,
- in unterschiedlichen Sozialformen (alleine, zu zweit, in Gruppen, mit und ohne pädagogische Fachkraft) nutzbar sein.

Die Möglichkeit, dass die Kinder das Material selbst wählen dürfen und durch die Auswahl und Strukturierung des Materials angeregt werden, auch Aufgaben aus ihrer ‚Zone der nächsten Entwicklung' zu beginnen, kann wichtige Hinweise für die Diagnose des Entwicklungs- und Wissenstandes und mögliche Maßnahmen zur Förderung liefern (▶ Kap. 8.1). Zusätzliche Materialien sollten von der pädagogischen Fachkraft im Sinne einer strukturierten Sequenzierung (▶ Kap. 8.2.2) so eingesetzt werden, dass die Kinder damit angeregt und motiviert werden können, ihr Wissen in diesem Inhaltsbereich zu erweitern und damit den Übergang zur ‚Zone seiner nächsten Entwicklung' einzuleiten.

Wenn die pädagogische Fachkraft sehen kann, welches Material das Kind aus einer sequenzierten, eingeführten Materialangebot wählt (vgl. z. B. Abb. 12), kann sie eine Diagnose erstellen, wie das Kind sich einschätzt. Begnügt es sich damit, Ringe und Platten zu vergleichen oder traut es sich zu, mehrere Merkmale von Objekten auf einmal in zu Bezug auf ihr Schwimmverhalten zu untersuchen? Bei der Beobachtung der Handhabung des Materials und mit Hilfe von Gesprächen mit dem Kind kann die pädagogische Fachkraft abwägen, ob das Kind sich entsprechend der dem Material inhärenten Lerngelegenheit eingeschätzt hat oder zu schwieriges oder zu leichtes Material gewählt hat.

Erkennt eine pädagogische Fachkraft dann, dass ein Kind eine Anregung aus der ‚Zone seiner nächsten Entwicklung' braucht, kann sie das Kind auf den nächsten Schritt im strukturierten Materialangebot aufmerksam machen. Dann beobachtet sie, ob das Kind sich darauf einlässt und wie es damit umgeht. Häufig wird die pädagogische Fachkraft das Kind in ein spezifisches Angebot einführen und sicherstellen, dass es dessen Anwendung und die Spielregeln verstanden hat. Dies kann sie auch sprachlich begleiten und damit unterstützen.

Für eine angemessene strukturierte Sequenzierung braucht die pädagogische Fachkraft ausreichendes fachliches Wissen, um die sachlogische Struktur materialbasiert sichtbar zu machen. Dieser hohe Anspruch an das Wissen der pädagogischen Fachkraft wird noch dadurch verstärkt, dass es kein Rezept für das Erkennen der ‚Zone der nächsten Entwicklung' gibt. Die Passung von materialen Hilfen zur Unterstützung des Konzeptaufbaus mit der ‚Zone der nächsten Entwicklung' kann selbst mit viel Erfahrung höchstens annähernd geleistet werden. Da die Naturwissenschaftsdidaktik in Bezug auf die Bildung von drei- bis sechsjährigen Kindern noch viel Entwicklungspotenzial hat, ist zu hoffen, dass in näherer Zukunft angemessene didaktische und diagnostische Materialien entwickelt werden.

### 8.3.2 Verbale Unterstützungsmaßnahmen

Als *Scaffolding*-Maßnahmen eignen sich insbesondere sprachliche Anregungen, mit denen sich die aktive und konstruktive Auseinandersetzung mit einem Angebot unterstützen lassen (Leuchter & Saalbach, 2014). Für die Begleitung des Aufbaus von naturwissenschaftlichen Konzepten spielen vor allem das Anleiten bzw. Modellieren (1), die Aktivierung von Wissen und Erfahrungen (2), das Einfordern von Begründungen (3), das Anregen von Vergleichen (4) sowie die Anregung von kognitiven Konflikten (5) eine wichtige Rolle.

- *Anleiten und Modellieren*: Als grundlegende verbale Unterstützungsmaßnahme kann das Anleiten und Modellieren die Aufmerksamkeit auf das Angebot lenken und die Motivation aufrechterhalten, wenn das Kind nicht herausfindet, wie es weiter vorgehen kann. Beispielsweise kann es günstig sein, ein Kind darauf aufmerksam zu machen, dass jeweils nur ein Objekt ins Wasser geworfen werden sollte, da ansonsten kaum beobachtet werden kann.
- *Aktivierung von Erfahrungen und schon vorhandenem Wissen*: Werden Kinder gebeten, das Schwimmverhalten eines Objekts einzuschätzen, hilft dies ihnen, ihre Erfahrungen und ihr Wissen darüber zu aktivieren.
- *Einfordern von Begründungen*: Fragt man sie nach dem Grund für ihre Einschätzung, ermöglicht dies den Kindern, sich ihres eigenen Wissens bewusst zu werden und ggf. Widersprüche oder Ungereimtheiten im eigenen Wissen wahrzunehmen.
- *Anregung von Vergleichen*: Der Vergleich von Objekten unterschiedlicher Größe, Form oder Gewicht ermöglicht den Kindern das Erkennen von grundlegenden Ähnlichkeiten. Erst im Vergleich vieler verschiedener Objekte aus Holz (Holzkugel, Zahnstocher, Holzbrett mit Löchern und Holzblock) wird die Aufmerksamkeit auf taxonomische Merkmale gelenkt, und es können von den Kindern kategoriale Ähnlichkeiten erkannt werden.
- *Kognitive Konflikte anregen*: Verbale Unterstützungsmaßnahmen lösen dann kognitive Konflikte aus, wenn es gelingt, das Kind feinfühlig darauf aufmerksam zu machen, dass es sich selbst widerspricht. Dabei sollen Fehler als Gelegenheiten produktiv genutzt werden. Im Kontext von ‚Schwimmen und Sinken' kann dies vorkommen, wenn Kinder zunächst sagen, dass alles, was Löcher hat, sinken werde. Während die Kinder nun einen Holzring ins Wasser werfen, kann die pädagogische Fachkraft darauf aufmerksam machen, dass vermutet wurde, dass der Ring untergehen werde.

Beim *Scaffolding* durch materiale und verbale Unterstützungsmaßnahmen spielt also der Bezug zum kognitiven Entwicklungsstand der Kinder und dem damit verbundenen Verstehen von Zusammenhängen eine besonders wichtige Rolle. Mit *Scaffolding* soll erreicht werden (vgl. Krammer, 2010), dass

- die Aufmerksamkeit der Kinder auf das Angebot gelenkt wird, das Interesse der Kinder am Angebot geweckt und die Motivation aufrechterhalten werden, ohne dass sie sich sofort ablenken lassen. D. h. ausreichend Material wird bereitgestellt, und die Kinder werden auf seinen Gebrauch aufmerksam gemacht („Schau mal, ich habe hier Dinge, bei denen kann man sich überlegen, ob sie schwimmen oder sinken.");
- bedeutsame Materialien des Angebots hervorgehoben und bei Bedarf Hinweise auf gewisse Herangehensweisen gegeben werden („Hier haben wir ein Brett. Siehst, du, was besonders daran ist? Genau, da sind Löcher drin. Wenn du das ins Wasser legst, drück es mal bis auf den Boden, so dass wir gut sehen können, was passiert.").

Die pädagogische Fachkraft sollte Interesse an den Ideen und Vermutungen der Kinder zeigen und durch die verbale Unterstützung dazu anregen, dass die Kinder ihre Ideen zielbezogen erweitern, ausdifferenzieren oder überdenken, ohne dass sie mit ‚richtig' oder ‚falsch' bewertet werden. Voraussetzung dafür ist, dass sich die pädagogische Fachkraft für die Gedankengänge der Kinder interessiert und sie als Gesprächspartner ernst nimmt. Das Interesse der pädagogischen Fachkraft am Denken der Kinder und an ihren Spielen und Aktivitäten ist für die Kinder überaus motivierend.

Mit *Cognitive Apprenticeship* und dem Fokus auf *Scaffolding* ist noch kaum etwas zur Organisation und zum Ablauf der Bildungsangebote gesagt. Wie im Folgenden gezeigt wird, bietet sich besonders für die Förderung naturwissenschaftlicher Konzepte und Vorgehensweisen eine Gliederung der Angebote in drei Schritten an (Leuchter et al., 2010).

## 8.4 Gliederung der Bildungsangebote

Eine schrittweise Gliederung der Bildungsangebote (vgl. Schiefele & Pekrun, 1996) soll sicherstellen, dass der intendierte Wissenserwerb auch tatsächlich angeregt und die Kinder möglichst viele Aktivitäten und Handlungen in Bezug auf die Bildungsinhalte selbstständig durchführen. Auch in der KiTa-Arbeit hat sich die übliche Gliederung eines Bildungsangebotes in drei Phasen bewährt: Einführung, Durchführung, Reflexion (Leuchter et al., 2010).

In der *Einführungsphase* hat die pädagogische Fachkraft die Aufgabe, Material strukturiert bereitzustellen, Impulse zu geben und Abläufe einzuführen. Dies kann einerseits *anleitend* geschehen, andererseits ist es jedoch auch möglich, *beiläufig* Erkundungen anzuregen und Materialien einzuführen, indem sie an einem prominenten Ort im Gemeinschaftsraum strukturiert angeboten werden. Beispielsweise können nach Schwierigkeitsgrad geordnete Stationen mit Materialien und Fotos geschaffen werden, bei denen die Kinder aus unterschiedlichen Blickwinkeln das Schwimmverhalten von Objekten untersuchen können. Diese Stationen können einzeln kurz eingeführt werden. In der Einführungsphase werden jedoch nicht nur Inhalte, sondern auch Hinweise auf Denktätigkeiten und Arbeitsweisen eingeführt, z. B. kann die pädagogische Fachkraft laut denken: „Ich muss jetzt nachdenken. Ich könnte mir vorstellen, dass dieses Lochbrett sinkt, weil es Löcher hat. Aber es könnte auch sein, dass es schwimmt, weil es aus Holz ist. Ich zeichne mal beides auf."

In der *Explorationsphase* begleitet die pädagogische Fachkraft die Kinder und passt das Material den jeweiligen Kompetenzen des Kindes an, die sich in der Auseinandersetzung mit dem Material zeigen. Ggf. gibt sie Impulse, ermuntert, regt an und stellt Fragen – immer mit dem Ziel, den Kindern zu helfen, es selbst zu tun, jedoch ohne sie sich selbst zu überlassen. Sie fordert die Kinder dazu heraus, eigenständig Lösungswege zu finden und diese mit den Lösungswegen und den Vorstellungen anderer Kinder zu vergleichen und mit ihnen zu diskutieren. Wenn Kinder Dinge beim Schwimmen beobachten, kann z. B. ein Lösungsweg sein, alles zuerst nach Farbe zu ordnen oder dann nach Größe oder eventuell auch gar nicht. Die Kinder werden dazu ermuntert, auch mal eine schwierigere Situation auszuprobieren oder genauer zu beobachten und, falls sie zunächst das Schwimmverhalten einzelner Objekte unsystematisch untersucht haben, diese nach einem Ordnungskriterium zu vergleichen, sie danach zu ordnen und das jeweilige Schwimmverhalten danach festzuhalten.

In der *Reflexionsphase* sammelt die pädagogische Fachkraft die Ergebnisse der Kinder, regt sie zur Äußerung ihrer Lösungswege in der Gruppe an und unterstützt ein inhaltsbezogenes Vergleichen der geäußerten Lösungswege und Vorstellungen der Kinder. Dabei hört sie aufmerksam zu und fragt wohlwollend nach. Einige Kinder haben beispielsweise unterschiedliche Objekte beim Schwimmen beobachtet, einige haben zuerst alle Objekte nach Farbe sortiert, andere nach Größe und dritte überhaupt nicht. Die Kinder erfahren in der Reflexionsphase mit Hilfe der pädagogischen Fachkraft unterschiedliche Vorgehensweisen, und es wird ihnen vor Augen geführt, dass nicht alle gleich vorgegangen sind: Welche Vermutung haben die Kinder formuliert? Wie ist es ihnen gelungen, das Ergebnis festzuhalten? Wie schätzt die pädagogische Fachkraft das Ergebnis ein?

Auch in der Reflexionsphase geht es nicht nur um Inhalte, auch das Reflektieren über das eigene Denken und Handeln kann bei den Kindern angeregt werden, indem die pädagogische Fachkraft als Vorbild agiert: Sie bietet den Kindern Begriffe an wie z. B. ‚zuerst habe ich mir überlegt, dass', ‚dann habe ich aber etwas anderes probiert'. Sie gibt mit Fragen ein Gerüst zur Reflexion und hört den Kindern zu. So werden die Kinder dazu angeregt, ihre eigenen Bearbeitungsweisen und Lösungen zu reflektieren und ihr Vorgehen zu flexibilisieren, um bei der nächsten Gelegenheit ein angemesseneres Lösungsverhalten zeigen zu können.

In drei Schritten gegliederte Angebote stellen hohe Anforderungen an die Kinder: Sie erfordern, auf der Grundlage von bestehendem Wissen neues Wissen bzw. Strategien selbst zu generieren, etwa durch Schlussfolgerungen. Durch Beobachten, Vergleichen, Vermuten, Experimentieren und Reflektieren erfassen die Kinder das Angebot, definieren es anhand ihrer Erfahrungen und ihres Wissens, suchen Lösungen und modifizieren bzw. erweitern dadurch ihr Wissen. Sie erarbeiten eigene Lösungen, vergleichen diese mit anderen Lösungen und evaluieren ihren eigenen Lösungsweg (vgl. Mandl, 2004; und für die KiTa Bernhard, 2013).

## 8.5 Schlussfolgerungen im Hinblick auf eine Naturwissenschaftsdidaktik für die KiTa

In der Umsetzung von *Scaffolding*-Maßnahmen sind die Anforderungen an die pädagogische Fachkraft hoch. In der Regel treffen in einer KiTa-Gruppe ca. 25 Kinder mit unterschiedlichen Fähigkeiten, Konzepten und Erfahrungen sowie unterschiedlichem kognitiven Entwicklungsstand (‚Zonen der aktuellen', der

‚nächsten' und der ‚potenziellen Entwicklung'; ▶ Kap. 7.2, Abb. 10) in oft kleinen Räumen aufeinander. Für die pädagogische Fachkraft ist es daher nicht immer einfach, auf die individuellen Bedürfnisse der Kinder einzugehen und sie bestmöglich zu fördern und zu unterstützen.

Sozialformen wie die Arbeit im Plenum oder Gruppen-, Partner- oder Einzelarbeit können unterschiedliche Anregungsniveaus für eigenständiges Erkunden und selbstorganisierte Aktivitäten der Kinder beinhalten (Büchel, Gretler-Kägi & Schmid, 2007, Erstausgabe 1990). Davon ausgehend, dass die pädagogische Fachkraft Bildungsangebote macht, also Materialien bereitstellt und Möglichkeiten für unterschiedliche Aktivitäten bietet, kann sie diese so organisieren, dass die Kinder

- dazu angeregt werden, gleichzeitig an ein und derselben Aktivität teilzunehmen (z. B. nehmen alle Kinder an einem Spaziergang teil und sammeln Objekte);
- dazu veranlasst werden, in kleinen Gruppen an ein und derselben Aktivität teilzunehmen (alle Kinder untersuchen die gesammelten Objekte in Bezug auf ihr Schwimmverhalten in kleinen Gruppen an Wasserbottichen);
- dazu ermutigt werden, unterschiedliche Aktivitäten in Gruppen auszuführen (nach dem Finden von unterschiedlichen Ordnungskriterien ordnet eine Gruppe die Objekte nach ihrer Form, die andere nach ihrem Material etc.);
- an punktuell angebotenen Aktivitäten teilnehmen, wenn sie wollen (die Kinder untersuchen selbstständig Objekte auf ihre Schwimmeigenschaften, Wasserbottich und Material sind nur einmal in der KiTa vorhanden);
- in einer vorbereiteten, strukturierten und konstant angebotenen Umgebung wählen, woran sie arbeiten (z. B. Ordnungskriterien finden, Objekte ordnen, Objekte zeichnen, Vermutungen anstellen, Objekte ins Wasser tauchen, dokumentieren).

In all diesen Situationen können Kinder aktiv und im sozialen Austausch Erfahrungen sammeln und so neues naturwissenschaftliches Wissen erwerben (▶ Kap. 7).

Dabei sind die organisatorischen Aspekte einer naturwissenschaftlichen Bildung, verstanden als materiales und verbales *Scaffolding*, nicht zu unterschätzen. Die Einführung der Arbeit mit strukturierten, offen dargebotenen Materialien ist besonders herausfordernd, da hierzu sehr viel Wissen über die naturwissenschaftlichen Inhalte erforderlich ist und vor allem, wie die Angebote in Abhängigkeit vom Entwicklungs- und Wissensstand einer diesbezüglich sehr heterogenen Gruppe von Kindern gestaltet werden können. Folgende praktischen Tipps können helfen:

- Zu Beginn einen leicht strukturierbaren Bildungsbereich mit vielen Wiederholungen anbieten, z. B. viele verschiedene Materialien, die sich nach unterschiedlichen Kriterien ordnen lassen.
- Die Ordnung der strukturierten Präsentation im Bildungsbereich nach Kriterien konzeptuellen Wandels präsentieren (z. B. Material von links nach rechts: 1. mehrere Körbchen mit gemischten Materialien aber gleicher Form; 2. meh-

## Schlussfolgerungen im Hinblick auf eine Naturwissenschaftsdidaktik

rere Körbchen mit gemischten Materialien aber gleicher Größe; 3. mehrere Körbchen mit gemischten Materialien aber gleichem Gewicht; 4. Körbchen mit Holzobjekten in unterschiedlicher Form, Gewicht und Größe; 5. Körbchen mit Styroporobjekten in unterschiedlicher Form, Gewicht und Größe; 6. Körbchen mit Metallobjekten in unterschiedlicher Form, Gewicht und Größe; 7. Objekte aus zusammengesetzten Materialien; 8. formbare Knete, ▶ Abb. 14).
- Für die Ordnung der strukturierten Präsentation können auch die Kriterien ‚von leicht zu schwer' von links nach rechts angewendet werden.
- Über dem Gestell aufgehängte Fotos des Materials erlauben den Kindern, die Materialien selbst wieder an ihren richtigen Ort zu stellen (▶ Abb. 14).
- Klare Regeln zum Gebrauch der Materialien kommunizieren,
- selber Ordnung halten,
- Hektik vermeiden.

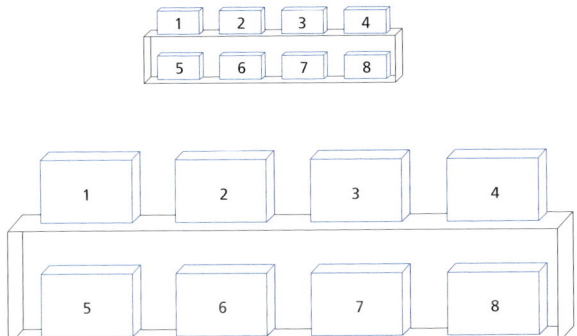

**Abb. 14:** Beispiel einer strukturierten Präsentation. In der KiTa sollten die Körbe offen daliegen, so dass die Kinder die Materialien leicht sehen können.

Naturwissenschaftliche Bildung von Kindern sollte nicht *entweder* in kurzfristig entstandenen und ungeplanten Alltags- und Spielsituationen *oder* in langfristig geplanten, aufbereiteten und ansprechend ausgestellten Angeboten eingebettet sein. Auch sollte naturwissenschaftliche Bildung nicht *entweder* angeleitet in einer Gruppe oder in Einzelförderung *oder* ausschließlich als spontanes Lernen erfolgen.

Eine differenzierte Betrachtung der Gestaltungsprinzipien wirksamer Angebote sowie der Materialen und verbalen *Scaffolding*-Maßnahmen zeigt, dass die Bildung von Kindern immer ein *sowohl-als auch* ist. Die Anregung und Unterstützung ist sowohl draußen wie auch drinnen, sowohl in Groß- und Klein-Gruppen als auch in Eins-zu-eins-Situationen und mit und ohne kontinuierliche Begleitung der pädagogischen Fachkraft möglich. Diese Situationen sollten in ausgewogenem Maße so organisiert werden, dass es den Kindern – sozial eingebunden in unterschiedlichen Situationen – ermöglicht wird, naturwissenschaftliche Inhaltsbereiche zu erkunden und sich aktiv und eigenständig mit den angebotenen Materialien zu befassen. Eine lernförderliche Gestaltung und Organisation des Angebots sowie eine angemessene Unterstützung sind unabdingbar für eine wertschätzende Bildung in der KiTa.

## 8.6 Weiterführende Literatur

Kleickmann, T. (2012). *Kognitiv aktivieren und inhaltlich strukturieren im naturwissenschaftlichen Sachunterricht.* Verfügbar unter: http://sinus-an-grundschulen.de/fileadmin/¬uploads/Material_aus_SGS/Handreichung_Kleickmann.pdf [10.02.2015].
Ausgehend von Lerngelegenheiten für verständnisorientiertes Lernen werden die Konzepte ‚Kognitive Aktivierung' und ‚Inhaltliche Strukturierung' als Unterstützungsmaßnahmen im naturwissenschaftlichen Unterricht praxisnah eingeführt.

Krammer, K. (2010). Individuelle Unterstützung im Unterricht mit 4- bis 8-jährigen Kindern. In M. Leuchter (Hrsg.), *Didaktik für die ersten Bildungsjahre: Unterricht mit 4- bis 8-jährigen Kindern* (S. 112–127). Zug: Klett und Balmer.
Praxisnaher Überblick über Anforderungen und Umsetzungsmöglichkeiten von Unterstützungsmaßnahmen in der KiTa und in der Schuleingangsphase.

Straka, G. A. & Macke, G. (2002). Der ‚Cognitive Apprenticeship'-Ansatz von Collins, Brown und Newman. In G. A. Straka & G. Macke (Hrsg.), *Lern-Lehr-Theoretische Didaktik* (S. 121–134). Münster: Waxmann.
Differenzierte Einführung und historische Einbettung des *Cognitive Apprenticeship-*Ansatzes.

# 9 Die Anbahnung naturwissenschaftlicher Konzepte: Beispiele

Naturwissenschaften bieten eine hervorragende Möglichkeit, besonders aufgrund ihrer Denk- und Arbeitsweisen wissenschaftlich relevante Kompetenzen und ein bildungssprachliches Vokabular aufzubauen, die in der späteren Schullaufbahn wichtig sind (Henrichs, Leseman, Broekhof & Lara, 2011). Diese Denk- und Arbeitsweisen sind in Kapitel 2.3 (▶ Kap. 2.3) ausführlicher erläutert worden. Durch das Einführen von einfachen Inhalten können Vorläuferfertigkeiten und Grundlagenwissen aufgebaut werden, an die in der Grundschule angeknüpft werden kann. Die im Folgenden dargestellten praktischen Beispiele sind als Hinweise zur eigenen Umsetzung zu verstehen und müssen an die Gegebenheiten in der KiTa, an die vorhandenen Ressourcen und an die Kinder angepasst werden. Zuerst werden Beispiele für die Förderung naturwissenschaftlicher Denk- und Arbeitsweisen dargestellt (▶ Kap. 9.1–9.5), um anschließend anhand des Bauspiels eine Möglichkeit zur naturwissenschaftlichen Bildung in der KiTa anhand eines weit verbreiteten Materials darzustellen (▶ Kap. 9.6).

## 9.1 Denk- und Arbeitsweisen exemplarisch einführen: Untersuchungen am Apfel

Ein den Kindern bekannter Gegenstand (z. B. ein Apfel) eignet sich besonders gut, um Vorgehensweisen der Untersuchung von Gegenständen sowie die Denk- und Arbeitsweisen und die benötigten sprachlichen Schlüsselbegriffe einzuführen (Gelman & Brenneman, 2004).

- *Beobachten*: Als erstes erhalten alle Kinder einen Apfel gleicher Sorte und werden aufgefordert, den Apfel genau zu beschreiben (▶ Tab. 4, Zeile 1).
- *Dokumentieren*: In einem zweiten Schritt sollen die Kinder ihre Beschreibung des Apfels dokumentieren, indem sie ihn zeichnen (▶ Tab. 4, Zeile 2).
- *Fragen stellen*: Danach werden die Kinder dazu ermuntert zu sagen, was sie über den Apfel wissen möchten – beispielsweise: „Ich möchte wissen, wie der Apfel von innen aussieht." „Ich möchte wissen, wie viele Kerne ein Apfel hat." (▶ Tab. 4 Zeile 3).
- *Vermutungen formulieren*: Die Kinder sollen nun vermuten, wie die Antwort auf ihre Frage lauten könnte. Dabei werden sie aufgefordert, einerseits selbst möglichst genaue Aussagen zu machen (▶ Tab. 4, Zeile 4) und andererseits den anderen Kindern gut zuzuhören, da sie das beim Aufbau eines Verständnisses darüber, dass nicht alle dasselbe vermuten, unterstützt.
- *Untersuchung planen*: Nun überlegen die Kinder, wie sie ihre Untersuchung durchführen könnten (▶ Tab. 4, Zeile 5), um danach aus einer Auswahl von Werkzeugen (Messer, Gabel, Reibe, Apfelschneider, etc.) das passende auszuwählen.

- *Untersuchung durchführen*: Jetzt untersuchen die Kinder den Apfel mit ihrem Werkzeug (beispielsweise schälen sie ihn) und stellen Beobachtungen an (▶ Tab. 4, Zeile 6).
- *Vermutungen mit Beobachtungen vergleichen*: Im nächsten Schritt dokumentieren die Kinder das Ergebnis ihrer Untersuchung und können vergleichen, ob beispielsweise die Anzahl der gefundenen Kerne im Apfel (▶ Tab. 4, Zeile 7) und ihre Vermutung übereinstimmen (▶ Tab. 4, Zeile 8).
- *Ordnen und systematisieren*: Die Ergebnisse werden nun gemeinsam gesammelt, alle Kinder kommunizieren ihre ursprüngliche Vermutung und ihr Ergebnis (▶ Tab. 4, Zeile 9).
- *Interpretieren, schlussfolgern*: Nun werden die Ergebnisse zusammengefasst. Beispielsweise finden mehrere Kinder heraus, dass ihr Apfel vier Kerne hat, andere entdecken, dass ihr Apfel lediglich einen Kern hat. Die Interpretation dieses Ergebnisses lautet, dass nicht alle Äpfel die gleiche Anzahl an Kernen haben, es aber einige Äpfel gibt, die die gleiche Anzahl haben. Aus dieser Untersuchung werden nun Schlussfolgerungen für die nächste Untersuchung gezogen, bei der beispielsweise Orangen untersucht werden (▶ Tab. 4, Zeile 10).

Die pädagogische Fachkraft unterstützt die Kinder dabei, sowohl das angemessene Vokabular für die Denk- und Arbeitsweisen als auch für die einzelnen Teile des Apfels sowie für Farb- und Formbeschreibungen zu benutzen (▶ Tab. 4, Spalte *Anregung* und *Schlüsselbegriffe*). Diese drei Schritte sind erst der Anfang einer Untersuchungsreihe, in der verschiedene Apfelsorten und weitere Früchte auf diese Weise untersucht werden. Sobald die Kinder die Vorgehensweise verinnerlicht haben, sollen sie die Untersuchungen zu zweit oder in kleinen Gruppen selbst durchführen, um ihre Kompetenzen im Austausch zu vertiefen. Anschließend schildern sie der pädagogischen Fachkraft ihre Vorgehensweise und die Ergebnisse, wodurch das Wissen der Kinder gefestigt wird. Zur Dokumentation eignet sich das Festhalten der Vermutungen und Ergebnisse in einem Forscherheft, in dem die Kinder ihre Beobachtungen aufzeichnen (dabei ist jedoch zu beachten, dass die Kinder entsprechend ihrer Zeichenentwicklung kaum naturalistische Farben wählen werden, was auch nicht notwendig ist; ▶ Abb. 15). Die pädagogische Fachkraft kann die Zeichnungen auf Wunsch mit Schrift ergänzen. Auch Fotos, Aufnahmen auf Band oder Film können hilfreich sein (Leuchter & Möller, 2014).

In der Durchführung in der KiTa hat sich gezeigt, dass das Gelingen dieses Angebots davon abhängt, wie stark die pädagogische Fachkraft die Kinder für solche Denkweisen begeistern kann. Dafür muss sie Interesse an den Vorstellungen und Denkweisen der Kinder, an ihren Vorgehensweisen und ihren Tätigkeiten zeigen und sich mit den Kindern austauschen.

Tab. 4: Angebot zur Einführung von Denk- und Arbeitsweisen bei naturwissenschaftlichen Untersuchungen.

| | Material | Ziele: Inhaltliche Kompetenzen | Ziele: Denk- und Arbeitsweisen | Anregung | Schlüsselbegriffe |
|---|---|---|---|---|---|
| | | | Einführungsphase | | |
| 1 | Äpfel gleicher Sorte | Form, Geruch, Farbe, Konsistenz des Apfels erkennen | beobachten, ordnen | Beobachtet die Äpfel von allen Seiten, welche Farbe/ Form haben sie, wie riechen sie, sind sie gleich/anders, wie könnte man sie ordnen? | Apfel, Stiel, Blume, rund, rau, glatt, gepunktet, farbig, aus Holz, beobachten, beschreiben, ordnen, umdrehen, gleich/ anders, groß, klein |
| 2 | Stifte und Papier | Form, Farbe | dokumentieren | Zeichnet mal euren Apfel auf. | genau hinschauen, festhalten |
| 3 | | | Frage stellen | Was möchtest du über deinen Apfel wissen? | fragen, wissen, interessieren |
| 4 | | | vermuten | Du möchtest herausfinden, wie viele Kerne dein Apfel hat/welche Farbe er innen hat etc. Was vermutest du? Warum denkst du das? | herausfinden, vermuten, denken, begründen |
| 5 | Werkzeug | Werkzeuge identifizieren | Untersuchung planen | Was brauchst du, um das herauszufinden? | Messer, Reibe, Schäler, Teller, Löffel, Gabel |

**Tab. 4:** Angebot zur Einführung von Denk- und Arbeitsweisen bei naturwissenschaftlichen Untersuchungen – Fortsetzung.

| | Material | Ziele: Inhaltliche Kompetenzen | Ziele: Denk- und Arbeitsweisen | Anregung | Schlüsselbegriffe |
|---|---|---|---|---|---|
| | | | **Durchführungsphase** | | |
| 6 | Apfel, Werkzeug | Werkzeuge verwenden | Untersuchung durchführen | Wähle dein Werkzeug aus und versuche, es herauszufinden. | Seite, Spalten, schneiden, schälen, teilen, halbieren, reiben |
| 7 | Stift, Papier | Inhaltlicher Aspekt der Untersuchung, z. B. Kerne oder Schale, etc. | Untersuchung dokumentieren | Was ist dein Ergebnis? Schau genau hin. Versuche, es festzuhalten. | genau hinschauen, zählen, festhalten |
| | | | **Reflexionsphase** | | |
| 8 | | | Vermutung überprüfen | Was hast du vermutet? Ist das nun so? | Vermutung, Ergebnis, überprüfen, genau hinschauen |
| 9 | | | Ergebnisse ordnen, vergleichen | Was hat dein Freund vermutet, was ist sein Ergebnis? Stimmt das mit deiner/seiner Vermutung überein? | vergleichen, Ergebnis, sammeln, ordnen |
| 10 | | | interpretieren, schlussfolgern | Was bedeutet das? Warum ist das wohl so? Was willst du als nächstes herausfinden? | Ergebnis, warum, weshalb, Untersuchung planen |

**Abb. 15:** Von Kindern gezeichnete Vermutungen, wie Äpfel innen aussehen könnten.

Dieses Angebot kann an einem anderen Tag mit Birnen, später auch mit weiteren Früchten oder Gemüse durchgeführt werden. Die Kinder erhalten so die Gelegenheit, das Vorgehen zu verinnerlichen. Erfahrungsgemäß fangen sie bald selbst damit an, Vorschläge für weitere Untersuchungen zu machen und diese umzusetzen.

## 9.2 Beobachten

Wie im Kapitel zu den Denk- und Arbeitsweisen (▶ Kap. 2.3) beschrieben, beinhaltet Beobachten genaues Betrachten, Wahrnehmen von Einzelheiten und Erkennen von Gemeinsamkeiten und Differenzen. Kinder müssen durch Fragen der pädagogischen Fachkraft auf mögliche Beobachtungskriterien aufmerksam gemacht und dazu gebracht werden, genau hinzuschauen.

Um genaues Beobachten zu fördern, ist es wichtig, einfache Situationen zu wählen, in denen sich etwas verändert, z. B. rollende Kugeln. Diese können in unterschiedlichsten Variationen eingesetzt werden. In Tabelle 5 werden hierzu einige Vorschläge gegeben.

98  Die Anbahnung naturwissenschaftlicher Konzepte: Beispiele

**Tab. 5:** Angebote zur Förderung der Beobachtung – Kugeln rollen.

| | Material/ Situation | Ziele: Inhaltliche Kompetenzen | Ziele: Denk- und Arbeitsweisen | Anregung | Schlüsselbegriffe |
|---|---|---|---|---|---|
| 1 | eine Kugel, Kinder sitzen im Kreis; Fortsetzung: zwei oder mehrere Kugeln | Stoß, Beschleunigung, Geschwindigkeit, Weg, abbremsen, stoppen | beobachten | Rolle die Kugel zu jemand anderem im Kreis. Beobachtet die Kugel. Wer wird sie bekommen? Was passiert, wenn du sie stark/schwach anstößt? Wie rollt sie? | rund, rollen, anstoßen, beschleunigen, schnell/langsam, bremsen, stoppen, beobachten, genau hinschauen, von Kind A zu Kind B |
| 2 | eine Kugel, ein Reifen oder zwei fast gleich große Reifen, die ineinandergelegt werden; Fortsetzung: zwei oder mehrere Kugeln, gleichläufig, gegenläufig | Kreisbewegung, Stoß, Beschleunigung, Geschwindigkeit, Weg, abbremsen, stoppen | beobachten | Stoße die Kugel im Reifen an. Beobachtet die Kugel. Wie rollt sie? Bleibt sie im Kreis/im Karussell? Was passiert, wenn du stark anstößt? | rund, rollen, anstoßen, beschleunigen, schnell/langsam, bremsen, stoppen, im Kreis, aus dem Kreis heraus, im Karussell, beobachten, genau hinschauen |
| 3 | eine Kugel, eine schiefe Ebene, z. B. aus Kartonröhre; Fortsetzung: mehrere Kugeln | Stoß, Beschleunigung, Geschwindigkeit, Weg, abbremsen, stoppen | beobachten | Hier ist eine Kugel, lege sie oben auf die schiefe Ebene. Was passiert? Wie weit rollt sie? Wann bleibt sie stehen? | rund, rollen, anstoßen, beschleunigen, schnell/langsam, bremsen, stoppen, hinunter, geradeaus, beobachten, genau hinschauen |
| 4 | eine oder mehrere Kugeln oder andere Objekte, eine Kugel zum Kegeln; Fortsetzung 1: Kegeln mit mehreren | Stoß, Beschleunigung, Geschwindigkeit, Weg, abbremsen, stoppen | beobachten | Hier sind x Kugeln/Objekte. Du darfst eine Kugel in die Hand nehmen und so rollen, dass sie auf die anderen Kugeln/ | rund, rollen, anstoßen, beschleunigen, schnell/langsam, bremsen, stoppen, wohin, nach links, nach rechts, nach hinten, |

**Tab. 5:** Angebote zur Förderung der Beobachtung – Kugeln rollen – Fortsetzung.

| Material/ Situation | Ziele: Inhaltliche Kompetenzen | Ziele: Denk- und Arbeitsweisen | Anregung | Schlüsselbegriffe |
|---|---|---|---|---|
| Kugeln; Fortsetzung 2: Kegeln mit Hilfe einer schiefen Ebene | | | Objekte trifft. Was passiert mit der Kugel, wenn sie auf die anderen getroffen ist? Schau, wie die anderen weiterrollen/verschoben werden/umfallen! Bleibt etwas stehen? | umfallen, geschoben werden, gestoßen werden, beobachten, genau hinschauen |

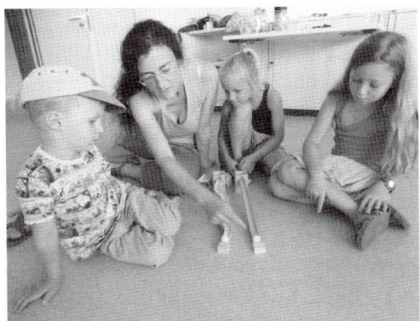

**Abb. 16:** Kinder beobachten rollende Kugeln, links oben beim einander Zurollen, rechts oben beim Reifenkarussell und unten beim Kegeln mit einer schiefen Ebene.

Die Kinder können z. B. im Kreis die Kugeln einander zurollen (▶ Abb. 16, links oben), die Kugeln in einem Reifenkarussell beobachten (▶ Abb. 16, rechts oben) oder in unterschiedlichen Kontexten kegeln (z. B. mit einer schiefen Ebene; ▶ Abb. 16, unten).

## 9.3 Ordnungsprinzipien finden, Ordnen

Kinder lieben es, unterschiedliche Objekte zu ordnen (▶ Kap. 2.3). Dennoch kann nicht vorausgesetzt werden, dass sie bewusst Ordnungsprinzipien anwenden. Beobachten pädagogische Fachkräfte die Kinder dabei, wie sie etwas ordnen, können sich anregende Gespräche mit den Kindern darüber ergeben, welches Ordnungsprinzip sie gerade anwenden, ob sie noch weitere kennen etc.

Das Finden von Ordnungsprinzipien und das Ordnen können auf viele Arten gefördert werden (vgl. auch Steffensky & Hardy, 2013, für das Beispiel Magnetismus). Im Gespräch mit den Kindern sollte hervorgehoben werden, dass es nicht nur *ein* Ordnungsprinzip gibt, sondern dass unterschiedliche Ordnungsprinzipien gefunden werden können (z. B. Farbe, Form, Größe, Funktion; ▶ Abb. 17, in der aufbauend auf ▶ Kap. 8.2.3 das Variationsprinzip auf Bauklötze angewendet wird). Um Ordnungen herzustellen, können Objekte der Kinder, Objekte aus der KiTa oder andere Materialien und Bilder eingesetzt werden. Dabei ist zu beachten, dass genügend Einzelobjekte mit ausreichenden Merkmalen vorhanden sind, so dass verschiedene Ordnungen hergestellt werden können.

**Tab. 6:** Angebote zum Ordnen und Finden von Ordnungsprinzipien.

| Material | Ziele: Inhaltliche Kompetenzen | Ziele: Denk- und Arbeitsweisen | Anregung | Schlüsselbegriffe |
|---|---|---|---|---|
| Objekte aus verschiedenen Materialien, z. B. Kugeln, Ringe und Platten aus Styropor, aus Metall, aus Holz, aus Plastik, Karten mit Abbildungen von verschiedenen Objekten, z. B. Autos, Esswaren, Häuser | Objekte benennen, Farbe, Größe, Form, Material, besondere Merkmale wie groß/klein, schwer/leicht, rund/eckig, glatt/rau | ordnen | Wie könnte man x ordnen? Die Ideen der Kinder sollen aufgenommen werden. Bei Bedarf können Anregungen gegeben werden, z. B.: Ich möchte nach der Größe ordnen. | ordnen, zusammenlegen, zusammenstellen, Objekt x, Merkmal y gleich/anders aus z gemacht |

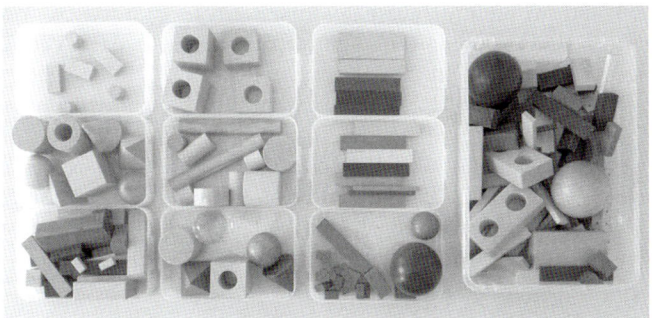

**Abb. 17:** Variation Bauklötze. Ordnungen von Form, Größe und Farbe.

## 9.4 Vermutungen aufstellen, überprüfen und dokumentieren

Kindern fällt es schwer, zwischen Vermutungen und Behauptungen zu unterscheiden (▶ Kap. 2.3). Behauptungen sind für denjenigen, der sie aufstellt, auf jeden Fall richtig („Holz schwimmt immer."), Vermutungen müssen jedoch nicht richtig, sondern nur überprüfbar sein („Ich vermute, dass alles Holz untergeht."). Werden Materialien zur Verfügung gestellt, um Vermutungen aufzustellen, ist es wichtig, die Zeit bis zum Ausprobieren hinauszuzögern, so dass die Kinder sich wirklich Zeit nehmen, Vermutungen aufzustellen. Der Aufforderungscharakter des Materials muss von der pädagogischen Fachkraft in ihren vorbereitenden Überlegungen zum Angebot mit einbezogen werden. Sollen die Kinder z. B. eine Vermutung aufstellen, ob ein Metallring sinkt oder schwimmt, kann dieser nicht gleichzeitig mit dem Wasserbottich hingestellt werden – die Kinder werden dann nicht vermuten, sondern direkt ausprobieren.

KiTa-Kinder benötigen also Unterstützung, Vermutungen aufzustellen und zu überprüfen. Um die Vorgehensweise den Kindern klar zu machen und sicherzustellen, dass sie Vermutungen aufstellen, hat sich die Unterscheidung von ‚Studierstube' und ‚Experimentierraum' bewährt. Studierstube und Experimentierraum müssen so getrennt werden, dass die Kinder eine kleine Wegstrecke zwischen beiden zurücklegen müssen, dazu können zwei verschiedene Tische in zwei Ecken eines KiTa-Raums verwendet werden. Die räumliche Trennung ist wichtig, weil sich die Kinder nur dann auf ihre Vermutung konzentrieren können und nicht einfach nur ausprobieren (Bernhard, 2013).

Als ‚Studierstube' wird der Ort bezeichnet, an dem nur das Material vorhanden ist, zu dem eine Vermutung ausgesprochen wird, die erst danach überprüft werden soll. Zum Anregen einer Vermutung sind in der Studierstube Forscherblätter vorhanden. Im Experimentierraum findet das Kind wiederum die gleichen Materialien und zusätzlich die Vorrichtung zur Untersuchung, d. h. zur Überprüfung der Vermutung. Das Forscherblatt mit der Vermutung wird in den Experimentierraum mitgenommen, die Vermutung überprüft und das Ergebnis auf einem Forscherblatt für die Ergebnisse dokumentiert. Es ist hilfreich, wenn die beiden Blätter auf Vorder- und Rückseite kopiert sind, so dass Vermutung und dazugehöriges Ergebnis nachvollzogen werden können. Im Folgenden werden zwei Beispiele beschrieben: (1) zu ‚Materialkonzept im Kontext Schwimmen und Sinken' (▶ Tab. 7) und (2) zu ‚Energie im Kontext schiefe Ebenen' (▶ Tab. 8) (vgl. Flottmann et al., 2014; Leuchter et al., 2011, 2014). Die Forscherblätter können so gestaltet werden, dass die Vermutungen und Ergebnisse frei gezeichnet werden (wie im Beispiel ‚Schwimmen und Sinken'; ▶ Abb. 18) oder z. B. eingekreist werden (wie im Beispiel ‚Schiefe Ebene'; ▶ Abb. 19).

**Tab. 7:** Angebote zum Vermuten und überprüfen – Materialkonzept im Kontext Schwimmen und Sinken.

| Material | Ziele: Inhaltliche Kompetenzen | Ziele: Denk- und Arbeitsweisen | Anregung | Schlüsselbegriffe |
|---|---|---|---|---|
| **In der Studierstube** | | | | |
| Unterschiedliche Objekte aus verschiedenen Materialien, z. B. Ringe, Kugeln, Platten aus Holz, Styropor und Metall, Forscherblätter | Objekte benennen, Merkmale von Objekten erkennen (Farbe, Größe, Form, Material) | vermuten | Was vermutest du, bleibt dieser Ring oben? Und dieser? Warum? Zeichne auf dem Forscherblatt ein, ob er oben bleibt oder untergeht. Dazu kannst du in der Studierstube am Tisch sitzen. | vermuten, überlegen, meinen, begründen, denken, aufzeichnen |
| **Im Experimentierraum** | | | | |
| Bottich mit Wasser, unterschiedliche Objekte aus verschiedenen Materialien, z. B. Ringe, Kugeln, Platten aus Holz, Styropor und Metall | Das Verhalten von unterschiedlichen Objekten und Materialien im Wasser erkennen | überprüfen | Jetzt kannst du das überprüfen. Zeichne die Ergebnisse auf dein Ergebnisblatt. Danach können wir es zusammen besprechen. | aufzeichnen, herausfinden, überprüfen, genau hinschauen |

Vermutungen aufstellen, überprüfen und dokumentieren 103

 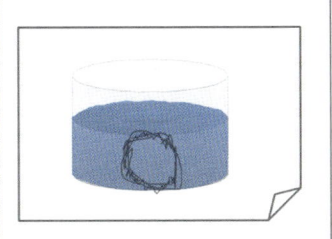

**Abb. 18:** Freies Forscherblatt für Vermutungen (links), Forscherblatt für Resultate (rechts) zum Materialkonzept im Kontext Schwimmen und Sinken (vgl. Steffensky, Hardy, Leuchter & Saalbach, in Vorbereitung).

**Tab. 8:** Angebote zum Vermuten und überprüfen – Energie im Kontext schiefe Ebene.

| Material | Ziele: Inhaltliche Kompetenzen | Ziele: Denk- und Arbeitsweisen | Anregung | Schlüsselbegriffe |
|---|---|---|---|---|
| **In der Studierstube** | | | | |
| zwei Bahnen mit unterschiedlicher Höhe, unten jeweils ein Bauklotz, Forscherblätter, keine Kugel | Erkennen und Benennen von: Verhalten von Materialien, Höhen und Längen von schiefen Ebenen | vermuten | Was vermutest du, bei welcher Bahn wird der Bauklotz von einer Kugel weiter geschoben, von der hohen oder der niedrigen? Warum? Umkreise das Spiel mit den beiden Bahnen, die deine Vermutung zeigen, die anderen kannst du durchkreuzen. Dazu kannst du in der Studierstube am Tisch sitzen. | vermuten, überlegen, meinen, begründen, denken, aufzeichnen |

**Tab. 8:** Angebote zum Vermuten und überprüfen – Energie im Kontext schiefe Ebene – Fortsetzung.

| Material | Ziele: Inhaltliche Kompetenzen | Ziele: Denk- und Arbeitsweisen | Anregung | Schlüsselbegriffe |
|---|---|---|---|---|
| **Im Experimentierraum** | | | | |
| zwei Bahnen unterschiedlicher Höhe, zwei Bauklötze, zwei Kugeln, Forscherblätter | Erkennen und Benennen von Beschleunigung, Geschwindigkeit, Weg, Bremsung, Hindernissen | überprüfen | Jetzt kannst du das überprüfen. Kreise das Ergebnis auf deinem Ergebnisblatt ein. Danach können wir es zusammen besprechen. | herausfinden, überprüfen, genau hinschauen, durchkreuzen |

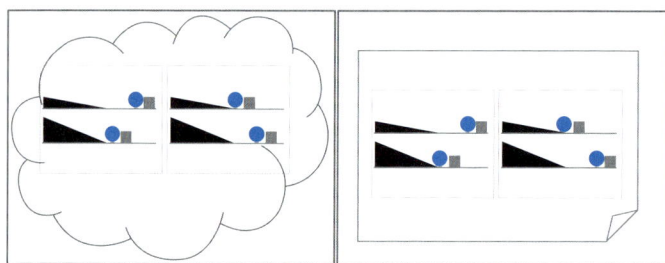

**Abb. 19:** Forscherblatt, auf dem das Kind seine Vermutung (links) und sein Ergebnis (rechts) auswählen und einkreisen kann. Die Forscherfrage lautet: Stößt die Kugel von der hohen oder von der niedrigen Bahn den Klotz weiter?

## 9.5 Variablen vergleichen, Experimente planen, durchführen, dokumentieren und diskutieren

Aspekte, die einen Einfluss auf das Ergebnis eines Experiments haben könnten, werden Variablen genannt (▶ Kap. 2.3, ▶ Kap. 4.2.6). Die Planung von Experimenten kann nur gelingen, wenn einzelne Variablen identifiziert und isoliert verglichen werden; diese Fähigkeit wird als Variablenkontrollstrategie bezeichnet. Im Folgenden werden Spielsituationen beschrieben, mit denen in der KiTa die Fähigkeit gefördert werden kann, die korrekte Anwendung der Variablenkontrollstrategie zu erkennen (▶ Tab 9). Dazu eignen sich Angebote, bei denen Kinder auf Blättern aus zwei oder mehr ‚Experimentiertipps' das auswählen sollen, bei dem ‚nur eine Sache verändert ist' (▶ Abb. 20), um diese dann auszuprobieren (Ape & Leuchter, 2015; Flottmann & Leuchter, 2014).

Im ersten Beispiel wird das Rollverhalten von Autos auf unterschiedlichen Unterlagen untersucht (▶ Abb. 21); damit wird der naturwissenschaftliche Inhalt der Energie (▶ Kap. 2.5.3) erarbeitet. Die Dokumentation der Ergebnisse kann mit Papier und Stift oder mit anderen Mitteln, z. B. Fotos geschehen (▶ Abb. 22). Diese Bilder werden am Schluss mit in die Gruppe genommen, und es kann diskutiert werden, welcher Tipp ausgewählt wurde, wie das Experiment durchgeführt wurde und was das Ergebnis ist.

Im zweiten Beispiel planen die Kinder ein Experiment, mit dem sie die Standfestigkeit (Stabilität, ▶ Kap. 2.5.2) von einfachen Bauwerken erproben (▶ Tab. 10; ▶ Abb. 23 und ▶ Abb. 24).

Das Prinzip kann auf unterschiedlichste Spielsituationen angewendet werden, wichtig ist, dass die Möglichkeit besteht, nur eine Variable zu variieren und alle anderen gleich zu halten. Auch sollten die Variablen klar erkennbar sein. Für den Anfang empfiehlt es sich, die Kinder zwischen zwei Tipps wählen zu lassen, beim einen Tipp ist die gefragte Variable verändert, beim anderen Tipp ist gar keine Variable verändert (▶ Abb. 20 und ▶ Abb. 23, jeweils links).

**Tab. 9:** Angebot zum Erkennen der Anwendung der Variablenkontrollstrategie – Energie im Kontext Reibung am Beispiel der schiefen Ebene.

| | Material | Ziele: Inhaltliche Kompetenzen | Ziele: Denk- und Arbeitsweisen | Anregung | Schlüsselbegriffe |
|---|---|---|---|---|---|
| 1 | Experimentiertipps auf Blättern mit verschiedenen Variablen, z. B. der Farbe oder der Größe des Autos, oder der Höhe der Bahn | | Variablen identifizieren, vergleichen, Variablenkontrollstrategie erkennen und anwenden | Schau, hier habe ich verschiedene Tipps zum Experimentieren für dich. Wenn du herausfinden willst, ob es am Boden liegt, dass nur ein Auto bis zur Wand fährt, darfst du nur den Boden verändern. Alles andere muss gleichbleiben. | Auto, Höhe, Boden, Farbe, Größe, rau, glatt, weit, weniger, mehr, rollen, Tipp, vermuten, überlegen, herausfinden, eine Sache, verändern, gleichbleiben, vergleichen, denken |
| 2 | Rampen, Autos und unterschiedlich raue Unterlagen | Autos auf rauen Unterlagen rollen weniger weit als auf glatten Unterlagen | Variablen identifizieren, vergleichen, Variablenkontrollstrategie erkennen und anwenden | Du kannst jetzt den von dir ausgewählten Tipp ausprobieren. Denke daran, dass das, was du heraus- | Auto, Höhe, Boden, Farbe, Größe, rau, glatt, weit, weniger, mehr, rollen, vermuten, überlegen, heraus- |

**Tab. 9:** Angebot zum Erkennen der Anwendung der Variablenkontrollstrategie – Energie im Kontext Reibung am Beispiel der schiefen Ebene – Fortsetzung.

| | Material | Ziele: Inhaltliche Kompetenzen | Ziele: Denk- und Arbeitsweisen | Anregung | Schlüsselbegriffe |
|---|---|---|---|---|---|
| | | | | finden willst, verändert werden muss. Alles andere muss gleichbleiben. | finden, Tipp, eine Sache verändern, gleichbleiben, vergleichen, denken, überprüfen, genau hinschauen |
| 3 | Stift, Papier, eventuell Fotoapparat | | vergleichen, beobachten, dokumentieren | Jetzt kannst du aufzeichnen/fotografieren, was da herausgekommen ist. | Tipp, herausfinden, eine Sache verändern, gleichbleiben, vergleichen, denken, überprüfen, genau hinschauen |
| 4 | Experimentiertipps, Autos, Rampen, verschiedene Unterlagen, Zeichnungen, Fotos | | interpretieren, diskutieren | Welchen Tipp hast du ausprobiert? Wie bist du vorgegangen? Was ist dein Ergebnis? Hast du das erwartet? | Ergebnis, sammeln, Tipp, herausfinden, eine Sache verändern, gleichbleiben, vergleichen, denken, überprüfen, genau hinschauen |

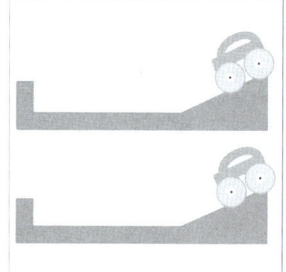
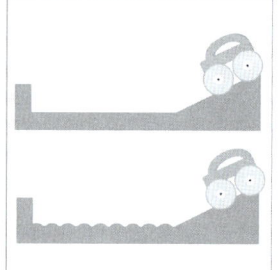

**Abb. 20:** Beispieltipps zur Variablenkontrolle. Die Forscherfrage lautet: Mit welchem Spiel kannst du prüfen, ob es am Boden liegt, dass nur ein Auto bis zur Wand fährt? Ohne Variablenkontrolle (links), mit Variablenkontrolle (rechts). Der Schwierigkeitsgrad kann erhöht werden, indem mehr Bilder präsentiert werden, in denen u. U. andere Variablen (z. B. Größe der Autos) oder mehr als eine Variable (z. B. auch die Farbe der Autos) verändert wird.

Variablen vergleichen, Experimente planen 107

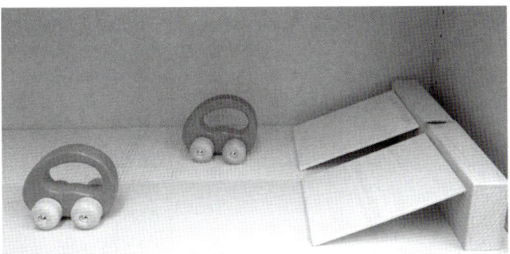

**Abb. 21:** Ergebnis eines kontrollierten Experiments, mit dem geprüft werden kann, ob es am Boden liegt, dass die Autos nicht gleich weit rollen.

**Abb. 22:** Ergebnisdokumentation des kontrollierten Experiments durch ein fünfjähriges Kind.

Der Kontext der Standfestigkeit (Stabilität) von Bauwerken eignet sich ebenfalls, um einzelne Variablen zu identifizieren und die Variablenkontrollstrategie zu erkennen sowie ihre Anwendung anzubahnen (▶ Kap. 8.1.3).

**Tab. 10:** Angebot zum Erkennen der Anwendung der Variablenkontrollstrategie – Stabilität im Kontext Bauspiel.

| | Material | Ziele: Inhaltliche Kompetenzen | Ziele: Denk- und Arbeitsweisen | Anregung | Schlüsselbegriffe |
|---|---|---|---|---|---|
| 1 | Experimentiertipps auf Blättern mit verschiedenen Variablen, z. B. der Form der Bauklötze | | Variablen identifizieren, vergleichen, Variablenkontrollstrategie erkennen und anwenden | Schau, hier habe ich dir verschiedene Tipps zum Experimentieren. Wenn du herausfinden willst, ob es an der Form der Bauklötze liegt, dass sie | Klotz, Form, mehr, weniger, berühren, runterfallen, Tipp, vermuten, überlegen, herausfinden, eine Sache verändern, gleichbleiben, ver- |

**Tab. 10:** Angebot zum Erkennen der Anwendung der Variablenkontrollstrategie – Stabilität im Kontext Bauspiel – Fortsetzung.

| | Material | Ziele: Inhaltliche Kompetenzen | Ziele: Denk- und Arbeitsweisen | Anregung | Schlüsselbegriffe |
|---|---|---|---|---|---|
| | | | | runterfallen, darfst du nur das verändern. Alles andere muss gleichbleiben. | gleichen, denken |
| 2 | Bauklötze in verschiedenen Formen | Einfache Bauklötze, die sich mehr berühren, stehen stabiler, als wenn sie sich weniger berühren. | Variablen identifizieren, vergleichen, Variablenkontrollstrategie erkennen und anwenden | Du kannst jetzt den von dir ausgewählten Tipp ausprobieren. Denke daran, dass das, was du herausfinden willst, verändert werden muss. Alles andere muss gleichbleiben. | Klotz, Form, mehr, weniger, berühren, runterfallen, vermuten, überlegen, herausfinden, Tipp, eine Sache verändern, gleichbleiben, vergleichen, denken, überprüfen, genau hinschauen |
| 3 | Stift, Papier, eventuell Fotoapparat | | vergleichen, beobachten, dokumentieren | Jetzt kannst du aufzeichnen/fotografieren, was herausgekommen ist. | Tipp, herausfinden, eine Sache verändern, gleichbleiben, vergleichen, denken, überprüfen, genau hinschauen |
| 4 | Experimentiertipps, Bauklötze Zeichnungen, Fotos | | interpretieren, diskutieren | Welchen Tipp hast du ausprobiert? Wie bist du vorgegangen? Was ist dein Ergebnis? Hast du das erwartet? | Ergebnis, sammeln, Tipp, herausfinden, eine Sache verändern, gleichbleiben, vergleichen, denken, überprüfen, genau hinschauen |

 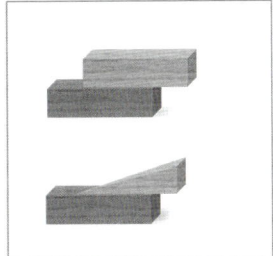

**Abb. 23:** Beispieltipps zur Variablenkontrolle. Die Forscherfrage lautet: Mit welchem Spiel kannst du prüfen, ob es an der Form der Steine liegt, dass sie halten? Keine Variable verändert (links), richtige Variable nämlich Form verändert (rechts). Der Schwierigkeitsgrad kann erhöht werden, indem mehr Bilder präsentiert werden, in denen u. U. andere Variablen (z. B. Größe der Klötze) verändert werden.

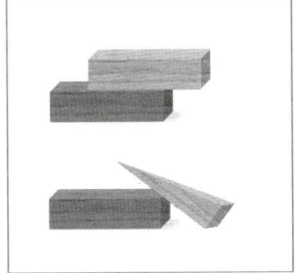

**Abb. 24:** Ergebnis eines kontrollierten Experiments, mit dem geprüft wurde, ob es an der Form liegt, dass die Bauwerke halten.

## 9.6 Naturwissenschaftliche Bildung mit dem Bauspiel fördern

Im Folgenden wird exemplarisch veranschaulicht, wie bestehendes Material der KiTa für die naturwissenschaftliche Bildung genutzt werden kann. Das Bauspiel eignet sich hervorragend, das naturwissenschaftliche Konzept der Stabilität (▶ Kap. 2.5.2) aufzubauen. Darüber hinaus können im Bauspiel alle Denk- und Arbeitsweisen (▶ Kap. 2.3) gefördert werden. Ein Ordner mit ausführlich dargestellten Sequenzen zur Stabilität und zum Gleichgewicht im Kontext des Bauspiels unter Mitwirkung der Autorin ist in Vorbereitung. Kinder beobachten, wann ein Bauklotz herunterfällt, sie vermuten, ob ein Bauwerk stabil ist, und begründen, warum ein symmetrischer Bauklotz mittig auf einer Leiste ausbalanciert werden kann und ein asymmetrischer nicht. Auch eine Vielzahl von relevanten inhaltlichen Aspekten aus anderen Bildungsbereichen können mit dem Bauspiel gefördert werden, hierzu zählen auch Aspekte, die in der Schnittmenge von Naturwissenschaften und Mathematik, Sprache und dem sozial-emotionalen Bereich zu finden sind (▶ Tab. 11; vgl. auch Lorenz, 2012).

**Tab. 11:** Das Bauspiel bietet Lerngelegenheiten in unterschiedlichen Bildungsbereichen (MacDonald, 2009).

### Lerngelegenheiten zum Bereich Naturwissenschaften

- Stabilität (hält/fällt, wenn ...);
- Materialeigenschaften (gemacht aus ...);
- Gewicht (leicht, schwer);
- Gleichgewicht (leichter, schwerer, weiter weg, näher, gleich, ungleich);
- Aktion – Reaktion (wenn – dann)
- Denk- und Arbeitsweisen (ordnen, planen, vermuten, Fragen stellen, dokumentieren, vergleichen, überprüfen, kategorisieren, schlussfolgern, experimentieren).

### Lerngelegenheiten zum Bereich Mathematik

- Raumorientierung (nach hinten, nach vorne);
- Raumlagen/räumliche Beziehungen und Begriffe (größer als, kleiner als, oben unten, links, rechts, weiter rechts etc.);
- Formkonstanz (Formen bleiben gleich, auch wenn sie gedreht werden);
- geometrische Formen (rund, eckig, flach etc.);
- geometrische Körper (Kugel, Zylinder, Quader etc.);
- messen (größer/kleiner als, so weit, so lang, so hoch);
- Mengen (mehr, weniger, exakt so viele ...);
- Ganzes/Teile (das besteht aus ...);
- Symmetrie/Asymmetrie (gleichseitig, ungleichseitig, gleichmäßig, ungleichmäßig);
- Muster/Regelhaftigkeiten (gleich, ungleich, x schwarze, y weiße Steine).

### Lerngelegenheiten zum Bereich Sprache

- Bilder von Bauvorlagen analysieren und beschreiben;
- Bauanleitungen beschreiben;
- Eigenschaften von Gebautem benennen;
- Geschichten zu den Bauten erfinden und erzählen;
- eigene Bauideen erläutern;
- das eigene Bauen und das Bauen anderer sprachlich kommentieren und anleiten;
- Handlungsabläufe erklären.

### Lerngelegenheiten zum personalen und sozioemotionalen Bereich

- Selbstwirksamkeit durch das Fertigstellen von Bauwerken erleben;
- Autonomie durch die Wahl von Bauzielen, -materialien und -methoden erleben;
- soziale Zugehörigkeit durch die Teilnahme an einer Baugemeinschaft erleben;
- Selbstregulation durch das Verkraften von Rückschlägen entwickeln;
- willentliche Aufmerksamkeitssteuerung durch die Fokussierung auf ein Ziel ausbilden;
- Ausdauer und Frustrationstoleranz beim Bauen anspruchsvoller Bauten erlernen;
- Kooperation durch das Aushandeln von Zielen und Vorgehensweisen erleben;
- Respekt für die Absichten und Ziele der anderen Kinder entwickeln.

### Lerngelegenheiten zum Bereich Motorik

- Grobmotorik (durch das Hantieren mit großen Bauklötzen und Objekten);
- Feinmotorik (durch das Hantieren mit kleinen Bauklötzen oder Objekten);
- Auge-Hand-Koordination (durch das Verbinden von Klötzen und Objekten).

## 9.6.1 Materialien

Sollen die Kinder zum Bauspiel angeregt werden, ist eine ausreichende Menge an Bauklötzen in verschiedensten Größen und Formen notwendig. Als Grundlage hat sich ein Set mit Klötzen bewährt, das auch in den meisten KiTas vorhanden ist. Die angegebene Mindestanzahl bezieht Erfahrungen aus KiTas mit ein (▶ Tab. 12).

**Tab. 12:** Zusammenstellung von Bauklötzen für das Bauspiel.

| Form | Größe (mm) | Anzahl (mindestens) |
|---|---|---|
| | 120 x 60 x 30 | 100 |
| | 120 x 30 x 15 | 100 |
| | 60 x 30 x 15 | 100 |
| | 60 x 30 x 30 | 100 |
| | 30 x 30 x 30 | 50 |
| | 15 x 15 x 15 | 50 |
| | 60 x 15 x 15 | 25 |
| | 60 x 15 x 15 | 25 |
| | 15 x 15 x 15 | 25 |
| | 15 x 15 x 15 | 25 |

Zum Grundset gehören nach Möglichkeit auch Torbögen, Pyramiden, Kegel und Kapla-Steine in beliebigen Mengen. Weitere Zusatzobjekte haben hohen Aufforderungscharakter für Kinder, ihre Bauwerke zu variieren.

Durch die Gabe von Zusatzmaterialien können Kinder dazu motiviert werden, ausdauernder mit den Bauklötzen zu spielen und ihre Spielform zu variieren. Zum Grundset hinzu können je nach Bildungsbereich unterschiedliche weitere Materialien angeboten werden (MacDonald, 2009; ▶ Tab. 13).

**Tab. 13:** Zusätzliches Material zur Förderung unterschiedlicher Bildungsbereiche.

| Bildungsbereich Naturwissenschaften |
|---|
| Kinder machen weiterführende Erfahrungen, mit welchen Gegenständen wie gebaut und wie die Stabilität von Bauten hergestellt werden kann. Dazu brauchen sie<br>• Natursteine unterschiedlicher Größe;<br>• Fundmaterial aus dem Wald, z. B. Zweige, Eicheln;<br>• Schachteln (z. B. Schuhschachteln, Streichholzschachteln);<br>• Baumaterialien wie Holzspießchen, Plastikformen, Pfeifenputzer, Schnur, Besenstiele, dicke Gummibänder. |
| **Bildungsbereich Mathematik** |
| Kinder messen, wie groß, breit, lang ein Bauwerk ist und vergleichen es mit anderen. Dazu brauchen sie<br>• Maßband;<br>• Zollstock;<br>• Schnur.<br><br>Kinder bauen Muster und entdecken, wie diese gespiegelt aussehen. Dazu brauchen sie<br>• Spiegel;<br>• Klötze oder Objekte in weiteren Farben und Formen. |
| **Bildungsbereich Sprache** |
| Kinder malen Schilder für ihre Bauwerke, um zu zeigen, welche Funktion sie erfüllen. Dazu brauchen sie<br>• Karton, festes Papier;<br>• Stift, Farben etc.;<br>• Beispiele von Straßen- oder Ladenschildern. |

Optimal ist es, wenn das Zusatzmaterial so vorhanden ist, dass Kinder dieses auf eigene Initiative oder auf Anregung durch die pädagogische Fachkraft selbst holen können. Um den Kindern zielgerichtete Wahlmöglichkeiten zu erlauben und Chaos zu vermeiden, sollte sich das Zusatzmaterial nicht am gleichen Ort befinden wie das Grundmaterial.

Beobachtungen in KiTas haben gezeigt, dass sich besonders im Bauspiel Gelegenheiten ergeben, mit den Kindern offene, lang andauernde Gespräche zu führen. Die pädagogischen Fachkräfte sind dabei besonders erfolgreich, wenn sie versuchen, entsprechend der Spielsituation offene Fragen zu stellen, die das Gespräch aufrecht erhalten und die Kinder zum Nach- bzw. Weiterdenken anzuregen (vgl. MacDonald, 2009; Pianta & Hamre, 2009). Um diese Chancen des Bauspiels zu erschließen, ist eine Interaktion der Kinder untereinander und mit Erwachsenen notwendig. Dadurch wird das Bauspiel zu einer motivierenden Lernumgebung und einer hervorragenden Lerngelegenheit für die Kinder, um sozusagen zu einem tieferen Verständnis der Welt zu gelangen. Anregungen zum Bauspiel ergeben sich aus dessen Verständnis als Konstruktionsspiel und Regelspiel. Je nachdem ergeben sich jeweils unterschiedliche Lerngelegenheiten, die im Folgenden skizziert und anhand von Beispielen illustriert werden.

### 9.6.2 Konstruktionsspiel

Im Konstruktionsspiel können alle Denk- und Arbeitsweisen (▶ Kap. 2.3) mit Bezug zum naturwissenschaftlichen Konzept Stabilität (▶ Kap. 2.5.2) gefördert werden. Dabei manipuliert das Kind gezielt Gegenstände und versucht, einfache Gebilde aus angebotenem Material zu konstruieren (Einsiedler, 1999; Heinze, 2007).

Kinder lieben es, Zusatzmaterial zum Bauen zu verwenden (▶ Abb. 25). Die Zusatzmaterialien können eine statische Funktion übernehmen, indem z. B. Mauern mit Steinen verstärkt werden. Sie können aber auch dekorierende Funktion haben, indem z. B. Eicheln, Blätter aus dem Wald oder andere Gegenstände auf die Bauwerke verteilt werden.

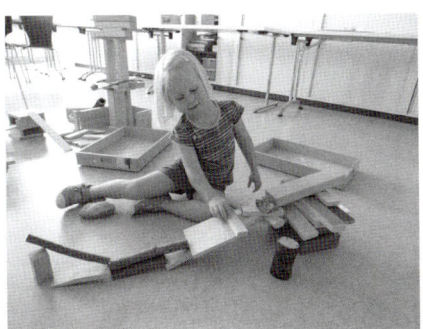 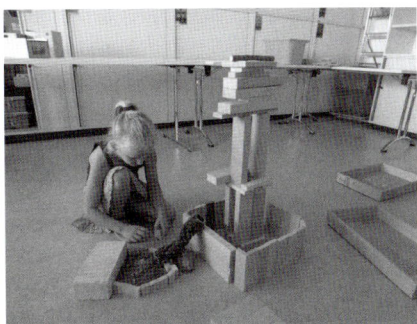

**Abb. 25:** Beispiele von Bauwerken mit Zusatzmaterial.

Das Nachbauen von einfachen Bauwerken und Bauanleitungen macht den Kindern viel Spaß und ermöglicht das Spiel alleine, zu zweit oder in Gruppen. Häufig ist das Nachbauen ein Ausgangspunkt, selbst weitere Erfindungen zu erproben. Es gibt der pädagogischen Fachkraft die Gelegenheit, Kinder individuell anzuregen und zu unterstützen. Grundsätzlich ist der Bereich ‚symmetrische Bauwerke' leichter als der Bereich ‚asymmetrische Bauwerke'. Das Nachbauen von Bauvorlagen ist einfacher, wenn die Bauvorlagen zunächst aus fünf

Bauklötzen bestehen, um kontinuierlich auf 20 oder mehr Bauklötze gesteigert zu werden. Bild und Klötze sollten für jedes Bauwerk in einer Kiste abgezählt und für die Kinder frei zugänglich sein. Ist die Schachtel geschlossen, ist es wichtig, dass oben auf dem Deckel ein Foto mit dem entsprechenden Bild zu sehen ist (▶ Abb. 26). Damit die Kinder den Schwierigkeitsgrad der Nachbauspiele verstehen, sollten diese für jeden Bereich von links nach rechts auf ein Regal gestellt werden: z. B. für den Bereich asymmetrische Bauwerke links das leichteste Nachbauspiel mit nur drei Bauklötzen, dann abgestuft bis rechts das schwierigste Spiel mit 20 Bauklötzen. Im Folgenden werden Beispiele für verbale Unterstützungen gegeben, die jedoch nicht als endgültig zu verstehen sind (▶ Tab. 14).

**Abb. 26:** Kinder beim Nachbauen mit der Bauanleitung.

**Tab. 14:** Nachbauen von symmetrischen und asymmetrischen Bauwerken.

| | Konstruktionsspiel | Verbale Lernunterstützung mit exemplarischen Verknüpfungen zu Denk- und Arbeitsweisen |
|---|---|---|
| Nachbauen symmetrischer Bauwerke |  Zehn Bildkarten mit unterschiedlich schwierigen Bausituationen und entsprechender Menge an Bauklötzchen in je einem Kistchen. Weiterführend können die Kinder selbst Bauwerke erfinden, die fotografiert und als Vorlage weiterverwendet werden. | • Auf welche Weise sind dieses Bauwerk und dieses Bauwerk gleich/anders (beobachten, ordnen)?<br>• Wie könntest du noch vorgehen, um zu ... (vermuten)?<br>• Wie kannst du diese Form verändern (planen)?<br>• Was würde passieren, wenn du das ... machen würdest (vermuten, überprüfen)?<br>• Wie würdest du es schwieriger/leichter machen (schlussfolgern, experimentieren)? |

**Tab. 14:** Nachbauen von symmetrischen und asymmetrischen Bauwerken – Fortsetzung.

| Nachbauen asymmetrischer Bauwerke | 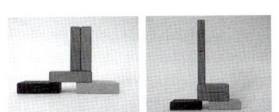<br>Zehn Bildkarten mit unterschiedlich schwierigen Bausituationen und entsprechender Menge an Bauklötzchen in je einem Kistchen. Jedes Bauwerk besteht aus zwei Stützen, einer schwarzen und einer braunen sowie roten Klötzen, die asymmetrisch arrangiert sind. Der schwarze Bauklotz wird zur Überprüfung der Stabilität nach dem Bauen weggezogen. | • Wie könntest du das verändern (planen)?<br>• Warum fällt das nicht zusammen (begründen)?<br>• Warum ist es zusammengebrochen (schlussfolgern)?<br>• Wie weit kannst du diesen Bauklotz schieben, ohne dass er runterfällt (vermuten, beobachten)?<br>• Wie kannst du ... vergleichen (vergleichen, planen)? |
|---|---|---|

Eine zusätzliche Herausforderung ist das Nachbauen mit komplexeren Bauanleitungen, vorzugsweise von asymmetrischen Bauten, deren Stabilität gesichert werden muss (▶ Tab. 15). Das Nachbauen regt die Kinder dazu an, Handlungsabfolgen umzusetzen und notwendige Schritte zur Stabilisierung von Bauwerken nachzuvollziehen.

**Tab. 15:** Nachbauen komplexerer Anleitungen.

| | **Konstruktionsspiel** | **Verbale Lernunterstützung mit exemplarischen Verknüpfungen zu Denk- und Arbeitsweisen** |
|---|---|---|
| Nachbauen komplexer Anleitungen | <br>Zehn Karten mit unterschiedlichen Anleitungen. In jedem Kistchen befindet sich eine Anleitung, die dem Schlusszustand entsprechende Menge an farbigen Bauklötzchen und ein Stützklotz. | • Wie kannst du machen, dass das hält/im Gleichgewicht ist (planen)?<br>• Kannst du da noch etwas drauflegen, dass es nicht hinunterfällt (vermuten)?<br>• Erkläre mir, wie du das gemacht hast (begründen).<br>• Wie kannst du es stabil machen (experimentieren)?<br>• Was wird geschehen, wenn ... (vermuten)? |

Kinder können dazu motiviert werden, etwas nachzubauen, indem ihnen Fotos von unterschiedlichen Bauwerken zur Verfügung gestellt werden, die sie aus ihrer Umwelt, von Reisen oder aus dem Fernsehen kennen (▶ Tab. 16).

116   Die Anbahnung naturwissenschaftlicher Konzepte: Beispiele

**Tab. 16:** Nachbauen von Bauwerken.

| Nachbauen von Bauwerken | Konstruktionsspiel | Verbale Lernunterstützung mit exemplarischen Verknüpfungen zu Denk- und Arbeitsweisen |
|---|---|---|
| | Verschiedene Karten mit historischen Bauwerken, eine große Kiste mit Bauklötzchen. | • Was siehst du da drauf? Kannst du das nachbauen (beobachten)?<br>• Probiere mal aus, ob ... (planen).<br>• Beschreibe die Form (ordnen).<br>• Woher können deine Freunde in der KiTa wissen, dass dies ... ist (begründen)?<br>• Wie würdest du ... (einen Tunnel, eine Garage, ein Haus, einen Käfig für die Tiere etc.) bauen (planen)? |

Beim Nachbauen von Wippen können die Kinder Gleichgewicht erleben (▶ Tab. 17).

**Tab. 17:** Nachbauen von Wippen.

| Nachbauen von Wippen | Konstruktionsspiel | Verbale Lernunterstützung mit exemplarischen Verknüpfungen zu Denk- und Arbeitsweisen |
|---|---|---|
| | Eine schmale Stütze, Wippen mit aufgeklebten Gewichten und lange Balken mit Bauklötzchen werden bereitgestellt. Die Leitfrage ist: „Wie kannst du das ins Gleichgewicht bringen?" | • Wenn du ... machst, was passiert dann (vermuten)?<br>• Wie weit voneinander weg kannst du diese Klötze auf diese Wippe stellen, ohne dass sie kippt (ordnen)?<br>• Kannst du unterschiedlich schwere/große Dinge auf diese Wippe stellen, ohne dass sie kippt? Was musst du beachten (planen)?<br>• Welche Klötze sind leicht/schwer (ordnen)?<br>• Jetzt ist ... passiert. Was ist vorher geschehen? Warum (begründen)? |

Werden Bauwerke miteinander verglichen, können Ordnungsprinzipien angewendet, Vermutungen formuliert und überprüft werden (▶ Tab. 18).

**Tab. 18:** Ordnungsprinzipien anhand von Bauwerken.

| | Konstruktionsspiel | Verbale Lernunterstützung mit exemplarischen Verknüpfungen zu Denk- und Arbeitsweisen |
|---|---|---|
| Welches Bauwerk ist am höchsten/am breitesten? | Mit der gleichen Menge Bauklötzchen je Kind versuchen sie, den höchsten Turm, die breiteste Brücke oder die längste Treppe zu bauen. | • Wie kannst du zeigen, was größer/kleiner/gleich ist (vermuten)?<br>• Wenn beide Gebäude aus gleich vielen Klötzen gemacht sind, warum ist dieses höher (begründen)?<br>• Wie kannst du sicher sein, dass beide Gebäude gleich viele Klötze haben (begründen)?<br>• Erkläre mir ... (begründen).<br>• Zeichne auf, wie es aussieht (dokumentieren). |

### 9.6.3 Regelspiel

In Regelspielen üben die Kinder die Einhaltung von Regeln (▶ Abb. 27), erproben Regelverstöße und sammeln erste Erfahrungen mit deren Ahndung (Einsiedler, 1999). Aus dem Bauspiel können mit wenigen Erweiterungen Regelspiele werden, in denen die Kinder implizit das Konzept der Stabilität erleben können (▶ Kap. 2.5.2). Auch hier können Denk- und Arbeitsweisen (▶ Kap. 2.3) gefördert werden.

**Abb. 27:** Kinder beim Regelspiel mit Bauklötzen.

118  Die Anbahnung naturwissenschaftlicher Konzepte: Beispiele

Tab. 19: Regelspiele mit Bauklötzen.

| | | Spielanleitung |
|---|---|---|
| **Zauberspiel: Hält es oder fällt es?** | Zehn Bildkarten mit unterschiedlichen Bausituationen, entsprechende Menge Bauklötzchen. | Spiel ab zwei Kinder.<br>• Die Karten liegen mit dem Bild nach unten auf dem Tisch.<br>• Ein Kind deckt die oberste Karte auf und zeigt sie. Es stellt die Frage: „Hält es oder fällt es?"<br>• Die Kinder rufen so schnell wie möglich „hält" oder „fällt".<br>• Das Bild wird nachgebaut, wer die Bausituation richtig eingeschätzt hat, bekommt einen Punkt. |
| | Naturwissenschaftliche Denk- und Arbeitsweisen: Fragen stellen, Vermuten, Beobachten, Überprüfen. | |
| **Stütze/Gewicht: Hält es oder fällt es?** | 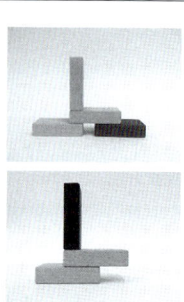 Zehn Bildkarten mit unterschiedlichen Bausituationen mit schwarzem Stein als Stütze oder Gegengewicht, entsprechende Menge Bauklötzchen. | Spiel ab zwei Kinder.<br>• Die Karten liegen mit dem Bild nach unten auf dem Tisch.<br>• Ein Kind deckt die oberste Karte auf und zeigt sie. Es stellt die Frage: „Würde es halten oder fallen, wenn der schwarze Stein nicht da wäre?"<br>• Die Kinder rufen so schnell wie möglich „hält" oder „fällt".<br>• Das Bild wird nachgebaut, der schwarze Stein entfernt. |
| | Naturwissenschaftliche Denk- und Arbeitsweisen: Fragen stellen, Vermuten, Beobachten, Überprüfen. | |

**Tab. 19:** Regelspiele mit Bauklötzen – Fortsetzung.

| | | Spiel ab zwei Kinder. |
|---|---|---|
| Wegnehmen | Bilder von unterschiedlichen Bausituationen, entsprechende Menge Bauklötzchen. | • Die Karten liegen mit dem Bild nach unten auf dem Tisch.<br>• Ein Kind deckt die oberste Karte auf und zeigt sie.<br>• Das Bild wird nachgebaut.<br>• Frage: „Wie viele Klötze kannst du wegnehmen, ohne dass das Gebaute zusammenfällt?"<br>• Wer die meisten Bauklötze wegnehmen konnte, ohne dass das Gebaute zusammengefallen ist, bekommt einen Punkt. |
| | Naturwissenschaftliche Denk- und Arbeitsweisen: Fragen stellen, Vermuten, Beobachten, Überprüfen. | |

Um die Kinder bei ihrem Kompetenzerwerb zu unterstützen, sollten die Angebote fortgesetzt als diagnostische Hilfsmittel eingesetzt werden (▶ Kap. 8.1). Davon ausgehend können dann einerseits dasjenige Wissen und diejenigen Konzepte identifiziert werden, welche die Kinder mitbringen, und andererseits während des Lernens kontinuierlich Wissenserweiterungen und entstehende Missverständnisse erfasst werden.

## 9.7 Schlussfolgerungen im Hinblick auf eine Naturwissenschaftsdidaktik für die KiTa

Die Beispiele in diesem Kapitel zeigen, dass anspruchsvolle naturwissenschaftliche Bildungsangebote in der KiTa mit einfachen Materialien, die häufig auch schon in der KiTa vorhanden sind, gut durchgeführt werden können. Aus naturwissenschaftsdidaktischer Sicht sollten bei jedem Angebot Denk- und Arbeitsweisen angeregt werden. Das Vokabular der Denk- und Arbeitsweisen kann exemplarisch anhand einer einfachen Untersuchung des Apfels eingeführt werden. Denk- und Arbeitsweisen können jedoch auch, wie oben dargestellt, in einem einzelnen Angebot akzentuiert werden (z. B. Beobachten von Kugeln, Ordnen von Materialien, Aufstellen von Vermutungen in Bezug auf das Schwimmverhalten oder Vergleichen von Variablen und Durchführen sowie Dokumentieren kontrollierter Experimente). Anhand von Materialien wie z. B. Bauklötzen können Kinder in einem motivierenden, leicht zugänglichen Kontext viele naturwissenschaftliche Erfahrungen machen und ihre Kompetenzen ausbauen.

Die hier vorgestellten naturwissenschaftlichen Angebote sind nur eine Auswahl an Möglichkeiten, mit denen naturwissenschaftliche Bildung in der KiTa unterstützt werden kann. Folgende Prinzipien, die auch bei der Planung und Auswahl von weiteren naturwissenschaftlichen Angeboten relevant sind, sollten beachtet werden:

- Das Material ist in der KiTa vorhanden oder leicht zu beschaffen.
- Die bildungsinhaltsrelevanten Phänomene werden durch das Angebot in einem Kontext erlebbar gemacht. Nicht der Kontext steht dabei im Vordergrund, sondern die Bildungsinhalte: Materialkonzept im Kontext von ‚Schwimmen und Sinken‘, Fruchtteile am Beispiel ‚Apfel‘, Gleichgewicht und Standfestigkeit im Kontext des Bauens, Energie im Kontext von ‚Rampen und Bahnen‘, Form, Größe, Gewicht in den Kontexten ‚Schwimmen und Sinken‘ sowie ‚Bauen‘.
- Einzelne Aspekte des Bildungsinhalts werden mit anderen Aspekten des gleichen Bildungsinhalts verbunden: das geformte Material, das schwimmt oder sinkt, mit dem gleichen aber anders geformten Material, der Apfel mit anderen Früchten, Holzbauklötze mit Steinen, Kugeln mit Autos etc.
- Eine oder mehrere Denk- und Arbeitsweisen werden mit dem Angebot angeregt/unterstützt.
- Die Umsetzung des Angebots fordert zu bildungssprachlicher Kommunikation heraus.

In vielen der im Internet oder in Büchern verfügbaren Angebote werden die bildungsinhaltsrelevanten Konzepte für die Kinder nicht erlebbar gemacht, oder aber der Kontext steht im Vordergrund und die Bildungsinhalte bleiben blass (vgl. z. B. Fthenakis, Wendell, Eitel & Daut, 2008; Stiftung Haus der kleinen Forscher, 2014). Oft handelt es sich um Experimente, die auf einen bestimmten Effekt abzielen, der jedoch von den Kindern nicht eingeordnet werden kann und somit für den weiteren Erwerb und Aufbau von naturwissenschaftlichen Konzepten nicht anschlussfähig ist, wie die folgenden Beispiele zeigen.

> *Beispiel*
> Über eine gekühlte, leere Flasche soll ein Luftballon gestülpt und die Flasche anschließend erwärmt werden, so dass der Luftballon durch die sich ausdehnende Luft vergrößert wird (Fthenakis et al., 2008). Hier ist zu fragen, ob das Kind das Phänomen der sich ausdehnenden Luft einordnen kann oder ob es nicht vielmehr einfach versteht, dass ein Luftballon ‚automatisch aufgeblasen werden kann‘ oder dass ‚warme Luft steigt‘ (beides wäre falsch).
> In einem anderen Experiment soll untersucht werden, welche Objekte Strom leiten (Stiftung Haus der kleinen Forscher, 2014). Stromkreisläufe und Strom können jedoch für die Kinder nicht einsichtig gemacht werden, nur das Ergebnis ist sichtbar (das Lämpchen leuchtet oder nicht). Die Kinder werden das Phänomen vermutlich so interpretieren, dass verschiedene Dinge das Lämpchen zum Leuchten bringen können – dieses Ergebnis ist jedoch nicht kompatibel mit dem anschlussfähigen Aufbau eines Konzepts zu Strom.
> Im Bildungsbereich ‚Feuer verbraucht Sauerstoff‘ wird vorgeschlagen, über eine brennende Kerze ein Glas zu stülpen und zu beobachten, wie die Flamme erlischt (Lück, 2003). Hier besteht einerseits die Schwierigkeit, dass die Zusammensetzung

> der Luft für die Kinder nicht fassbar ist und es demnach nicht sinnvoll ist, von Sauerstoff zu sprechen. Andererseits ist für die Kinder auch nicht verständlich, dass von der Flamme im umgestülpten Glas etwas verbraucht wird, die Luft im Glas sieht ja vorher wie nachher gleich aus, es kommt sogar noch der Rauch der erloschenen Flamme hinzu. Im besten Fall werden die Kinder das Ergebnis so deuten, dass eine eingeschlossene Kerze erlischt – mit dem genannten Bildungsinhalt hat dies jedoch nichts zu tun.

Naturwissenschaftliche Bildung bedarf keiner ‚spaßigen Experimente', mit denen ein Effekt erzielt wird, den Kinder zwar wahrnehmen und bestaunen können, aber deren zugrunde liegenden Zusammenhänge sie aufgrund von fehlendem Wissen weder nachvollziehen noch einordnen können. Naturwissenschaftliche Bildungsangebote sollen die Kinder im Erwerb anschlussfähigen Wissens und eines bildungssprachlichen Vokabulars unterstützen sowie Denk- und Arbeitsweisen anbahnen. Das Ziel naturwissenschaftlicher Angebote in der KiTa ist der Aufbau einer breiten Basis an Kompetenzen zur Anbahnung einer *Scientific Literacy*, die anschlussfähig für den weiteren Aufbau in der Grundschule ist.

## 9.8 Weiterführende Literatur

Buholzer, A. (2011). Lernen verstehen. Systematische Förderdiagnostik als Teil der Unterrichtsentwicklung. *Die Grundschule, 43(5)*, 48–50.
Praxisnaher Text, der die systematische Förderdiagnostik ins Zentrum der Unterrichtsentwicklung stellt.

Liebers, K. & Seifert, C. (2012). Assessmentkonzepte für die inklusive Schule – eine Bestandsaufnahme. *Zeitschrift für Inklusion*. Verfügbar unter: http://www.inklusion-online.net/index.php/inklusion-online/article/view/44/44 [15.02.2015].
Leicht zu lesender Überblick über inklusive Aspekte von Diagnose und Rückmeldung als lernförderliche Maßnahmen.

Schönknecht, G. & Maier, P. (2012). *Diagnose und Förderung im Sachunterricht. Handreichungen des Programms SINUS an Grundschulen*. Verfügbar unter: http://www.sinus-an-grundschulen.de/fileadmin/uploads/Material_aus_SGS/Handreichung_Schoenknecht_Maier.pdf [10.02.2015].
Praxisorientierte Handreichung mit vielen Beispielen, wie im Sachunterricht der Grundschule Diagnostik und Förderung Hand in Hand gehen.

# 10 Ausblick: Naturwissenschaftlicher Unterricht in der Grundschule

Naturwissenschaftlicher Unterricht in der Grundschule ist in das Fach Sachunterricht eingebettet, neben Deutsch und Mathematik eines der Kernfächer der Grundschule. In verschiedenen Bundesländern wird dieses Fach unterschiedlich bezeichnet (z. B. Heimat- und Sachunterricht in Bayern, Heimat-, Welt- und Sachunterricht in Schleswig-Holstein und Heimat- und Sachkunde in Thüringen). Als Grundlage zur Formulierung von Bildungszielen im Sachunterricht werden im Perspektivrahmen Sachunterricht die Aufgaben, Zielsetzungen und Bildungsinhalte aus fünf Perspektiven beschrieben: einer sozialwissenschaftlichen, naturwissenschaftlichen, geographischen, historischen und technischen Perspektive (Gesellschaft für Didaktik des Sachunterrichts, 2013). Naturwissenschaftlicher Sachunterricht soll tragfähige Grundlagen für den Erwerb und Aufbau weiterführender Kompetenzen in der Sekundarstufe schaffen.

Eine der besonderen Herausforderungen naturwissenschaftlicher Bildung – sei es im frühpädagogischen Bereich oder im Grundschulalter – besteht im internen Fachbezug. Dazu gehören die eher traditionellen naturwissenschaftlichen Disziplinen Physik, Biologie, Chemie, Astronomie und Geologie sowie eher anwendungsorientierte Domänen wie Umweltnaturwissenschaften und Technik. Naturwissenschaftliche Bildung muss demnach in einem Spannungsfeld zwischen fachübergreifender Verflechtung und dem Anspruch des Aufbaus fachlicher Konzepte gesehen werden. Für die fachübergreifende Perspektive sprechen der Einbezug der Komplexität des naturwissenschaftlichen Feldes von Anfang an sowie der daraus resultierende Anspruch zu vernetztem Denken. Für eine stärker fachlich ausgerichtete Perspektive spricht die Orientierung der Bildung an Fächern in den weiterführenden Stufen der Sekundarschule I und II sowie an der Universität. Deshalb bezieht auch die Ausbildung der Lehrpersonen, die die Bildung der Schülerinnen und Schüler verantworten, einzelne Perspektiven mit ein (vgl. Labudde & Möller, 2012).

Die Analyse der in der Grundschule angestrebten Kompetenzen ergibt viele Möglichkeiten, diese mit einfachen naturwissenschaftlichen Angeboten in der KiTa anzubahnen.

Einen Einblick in die späteren Anforderungen in der naturwissenschaftlichen Bildung geben die im Perspektivrahmen Sachunterricht formulierten angestrebten Kompetenzen (Gesellschaft für Didaktik des Sachunterrichts, 2013). Sie umfassen sowohl inhaltliche Bereiche als auch Denk- und Arbeitsweisen (▶ Tab. 20).

**Tab. 20:** Perspektivrahmen: angestrebte Kompetenzen in der Naturwissenschaft.

| Denk- und Arbeitsweisen |
|---|
| Naturphänomene sachorientiert untersuchen und verstehen |
| • Absicht: Die Schülerinnen und Schüler sollen Denk- und Arbeitsweisen so einsetzen, dass sie sachbezogene und mit größtmöglicher Objektivität evidenzbasierte Urteile fällen können.<br>• Anspruch: Die Schülerinnen und Schüler können aus naturwissenschaftlichen Phänomenen sinnvolle Fragen ableiten. |
| Naturwissenschaftliche Methoden aneignen und anwenden |
| • Absicht: Die Denk- und Arbeitsweisen sollen von den Schülerinnen und Schülern angeeignet und zunehmend zielgerichtet und bewusst angewendet werden.<br>• Anspruch: Die Schülerinnen und Schüler können ausgewählte Größen messen und die Messwerte für Vergleiche nutzen sowie die gemessenen Daten von subjektiven Interpretationen unterscheiden. |
| Naturphänomene auf Regelhaftigkeiten zurückführen |
| • Absicht: Die Schülerinnen und Schüler sollen Gesetzmäßigkeiten hinter den Phänomenen der Natur suchen, diese erkennen und sprachlich darstellen können.<br>• Anspruch: Die Schülerinnen und Schüler können einfache Ursache-Wirkungszusammenhänge erkennen (z. B. die Verdrängung von Wasser durch Luft) und angemessen sprachlich darstellen. |
| Konsequenzen aus naturwissenschaftlichen Erkenntnissen für das Alltagshandeln ableiten |
| • Absicht: Die Kinder sollen Ursache- und Wirkungszusammenhänge in der Natur erkennen und die gewonnenen Erkenntnisse in Handeln umsetzen können.<br>• Anspruch: Die Schülerinnen und Schüler können die Notwendigkeit eines verantwortlichen Umgangs mit der Natur und dem Aspekt der Nachhaltigkeit begründen. |
| Naturwissenschaftliches Lernen bewerten und reflektieren |
| • Absicht: Die Schülerinnen und Schüler sollen den eigenen Lernweg angemessen strukturieren, mit Blick auf das Bildungsziel bewerten sowie Erkenntnisse und Lernwege sprachlich darstellen und darüber argumentieren können.<br>• Anspruch: Die Schülerinnen und Schüler können anderen einen Sachverhalt unter Nutzung und Anwendung der gefundenen Lösungen und Erkenntnisse erklären und dabei sprachlich verständlich und angemessen argumentieren. |
| **Inhaltliche Bereiche** |
| Nicht lebende Natur – Eigenschaften von Stoffen/Körpern |
| • Absicht: Die Schülerinnen und Schüler sollen physikalische oder chemische Eigenschaften von Körpern oder Stoffen messen und beschreiben können.<br>• Anspruch: Die Schülerinnen und Schüler können chemische Eigenschaften von Stoffen geeignet nachweisen und untersuchen (z. B. Brennbarkeit). |

124   Ausblick: Naturwissenschaftlicher Unterricht in der Grundschule

**Tab. 20:** Perspektivrahmen: angestrebte Kompetenzen in der Naturwissenschaft – Fortsetzung.

| Inhaltliche Bereiche |
| --- |
| Nicht lebende Natur – Stoffumwandlungen<br><br>• Absicht: Die Schülerinnen und Schüler sollen Prozesse der Stoffumwandlungen beschreiben, indem sie z. B. das Konzept der Erhaltung von Materie benutzen können.<br>• Anspruch: Die Schülerinnen und Schüler können Verbrennung als Umwandlung von Stoffen beschreiben und Energieträger (z. B. Holz, Kohle, Gas, Öl) benennen und unterscheiden. |
| Nicht lebende Natur – physikalische Vorgänge<br><br>• Absicht: Die Schülerinnen und Schüler sollen Regelhaftigkeiten von physikalischen Vorgängen (z. B. Konzept der Energieerhaltung) erkennen können.<br>• Anspruch: Die Schülerinnen und Schüler können Veränderungen von Körpern in einfachen physikalischen Vorgängen (z. B. ‚Schwimmen und Sinken', Kraftwirkungen) untersuchen, beobachten und beschreiben. |
| Lebende Natur – Pflanzen, Tiere und ihre Unterteilungen<br><br>• Absicht: Die Schülerinnen und Schüler sollen die Artenvielfalt als wichtiges Kennzeichen einer intakten Natur einstufen.<br>• Anspruch: Die Schülerinnen und Schüler können typische Pflanzen und Tiere in verschiedenen Biotopen beschreiben, erkennen, benennen und unterscheiden. |
| Lebende Natur – Entwicklungs- und Lebensbedingungen von Lebewesen<br><br>• Absicht: Die Schülerinnen und Schüler sollen menschliches Handeln und Verhalten in Bezug auf die lebende Natur unter dem Anliegen des Natur- und Umweltschutzes einordnen.<br>• Anspruch: Die Schülerinnen und Schüler können beschreiben, in welcher Weise Pflanzen und Tiere mit ihrer Umgebung in enger Beziehung stehen. |

*Beispiel: Lernsituation für die Schuleingangsphase*
Als beispielhafte Lernsituation für die 1./2. Jahrgangsstufe der Grundschule wird vorgeschlagen, das Flugverhalten von Fruchtsamen (Ahorn, Ulme, Esche; ▶ Abb. 28) zu untersuchen (vgl. Gesellschaft für Didaktik des Sachunterrichts, 2013).

**Abb. 28:** Fruchtsamen von Ulme, Ahorn, Esche.

Zunächst sollen die Kinder verschiedene fallende Samen beobachten, um als zweites z. B. ihr Aussehen und ihr Flugverhalten zu vergleichen. Dabei können Beziehungen zwischen dem Aussehen und dem Flugverhalten hergestellt werden. Mögliche Anschlussaufgaben sind das Erstellen einer Beobachtungstabelle, das Nachbauen eines Samenfliegers und das Vorstellen und die Diskussion der Untersuchungen in der Klasse. Die dabei geförderten Kompetenzen sind u. a. eine sachorientierte Durchführung von Untersuchungen und das Ableiten sinnvoller Fragen aus naturwissenschaftlichen Phänomenen, das Planen und Durchführen von Untersuchungen, das Überprüfen von Vermutungen sowie das Erkennen von einfachen Ursache-Wirkungszusammenhängen.

Die Analyse der in der Grundschule angestrebten Kompetenzen ergibt viele Möglichkeiten, diese mit einfachen naturwissenschaftlichen Angeboten in der KiTa anzubahnen. Die Vorschläge in diesem Buch sollten Anregungen dafür geben, ohne den stufenspezifischen Zugang der Kinder zu Naturwissenschaften zu vernachlässigen.

Es ist jedoch festzustellen, dass kaum Angebote vorhanden sind, die einen kontinuierlichen, aufeinanderfolgenden Aufbau von Kompetenzen von der KiTa in die Grundschule und im besten Fall bis zur Sekundarstufe I unterstützen. Exemplarisch sind hier die Materialien des ‚Spiralcurriculums Magnetismus' zu nennen, mit denen das Problem der Anschlussfähigkeit des Kompetenzaufbaus von der Elementarstufe bis zur Sekundarstufe angegangen wird. Mit Spiralcurriculum sind kumulative, aufeinander abgestimmte Curricula für den Elementar-, Primar- und Sekundarbereich gemeint, mit denen spiralförmig Bildungsinhalte und Denk- und Arbeitsweisen erarbeitet werden, wie das nun folgende Beispiel illustriert.

*Beispiel: Spiralcurriculum*
Für das Spiralcurriculum Magnetismus sind drei Ordner erhältlich: einer für die Elementarstufe (Steffensky & Hardy, 2013), einer für die Primarstufe (Möller, 2013) und einer für die Sekundarstufe I (Wodzinsky & von Aufschnaiter, 2013). Um die Umsetzung der vorgeschlagenen Curricula in der Praxis zu unterstützen, sind die Ordner für jede Stufe durch Materialkisten ergänzt worden. Im Folgenden werden die Curricula für den Elementar- und Primarbereich skizziert.

Im Vordergrund stehen kindgerechte naturwissenschaftliche Aktivitäten, die nicht auf Effekte, sondern auf den Aufbau von Denk- und Arbeitsweisen wie Erproben, Beobachten, Überprüfen und Sortieren abzielen:

- Für den *Elementarbereich* werden neun aufeinander abgestimmte Sequenzen vorgeschlagen. Die Kinder entdecken Magneten im Alltag, beschreiben die Wirkung von Magneten bei verschiedenen Materialien, erfahren Anziehung und Abstoßung und klassifizieren Magneten nach unterschiedlichen Merkmalen.
- Für den *Primarbereich* werden 15 Unterrichtssequenzen vorgeschlagen, die darauf hinsteuern, dass die Kinder u. a. eigenständig Untersuchungen planen und durchführen und über das Arbeiten von Wissenschaftlerinnen und Wissenschaftlern nachdenken. Beispielsweise magnetisieren sie selbst einen Eisendraht und stellen einen Kompass und einen Elektromagneten her.

Ein ‚Spiralcurriculum Schwimmen und Sinken' wird aktuell unter der Leitung von Kornelia Möller erprobt und soll im Jahr 2017 erscheinen. Ein Spiralcurriculum zur Mechanik ist in Erarbeitung, in dessen Kontext unter der Leitung der Autorin dieses Bandes auch ein Ordner für die Elementarstufe mit ausführlichen Sequenzen zur Statik im Kontext Bauspiel erscheinen soll. Die Entwicklung von Spiralcurricula im Bereiche Naturwissenschaften steckt noch in den Anfängen. Deren Weiterentwicklung ist jedoch ein wichtiger Schritt, um Kindern Gelegenheiten zu geben, anschlussfähiges Wissen bereits in der Elementarstufe und über weitere Schulstufen hinweg aufzubauen.

## 10.1 Schlussfolgerungen im Hinblick auf eine Naturwissenschaftsdidaktik für die KiTa

Traditionell bestehen große Unterschiede zwischen KiTa und Grundschule, auch haben pädagogische Fachkräfte und Grundschullehrpersonen ein weitgehend anderes Verständnis der eigenen Profession (Leuchter, 2013b, 2014; Stipek & Byler, 1997). Bildungspolitisch wird jedoch mehr und mehr gefordert, dass beide Institutionen im Hinblick auf anschlussfähige Bildung und das Erleichtern der Übergänge von KiTa zur Grundschule kooperieren. Von neuen, verbindenden Bildungsmodellen verspricht man sich, den Übergang von der KiTa in die Schule zu erleichtern (vgl. z. B. Ministerium für Schule und Weiterbildung NRW & Ministerium für Familie Kinder Jugend Kultur und Sport, 2003). Damit verbunden wird die Hoffnung, zum einen die hohen Rückstellungsquoten von Schulanfängern zu vermeiden und zum anderen die Kompetenzen der Kinder angemessen weiterzuentwickeln (Kammermeyer, 2001).

Mitunter werden Projekte initiiert, in denen pädagogische Fachkräfte und Grundschullehrpersonen gemeinsam an Fragen einer bruchlosen Bildung im Übergang von KiTa und Grundschule arbeiten und Bildungskonzepte entwickeln sollen (Schmitt & Mey, 2014). Dabei entstehen Konzepte, die den Rahmen für die verzahnte pädagogische Arbeit in KiTa und Grundschule vorgeben. Verschiedene Ergebnisse weisen darauf hin, dass die Veränderung von Rahmenbedingungen (z. B. kleinere Klassen, Organisation von Projekten) entgegen der Hoffnungen der Bildungspolitik jedoch nicht der Hebel ist, mit dem die Angebotsqualität verbessert wird (Hattie, 2009; Milesi & Gamoran, 2006). Die Qualität beider Institutionen wird wesentlich von den pädagogischen Fachkräften und Grundschullehrpersonen, ihren Kompetenzen, ihrem Wissen und Handeln geprägt. Der Kern beider Professionen ist das pädagogische Handeln mit dem Kind, das in seinen Fähigkeiten und Fertigkeiten gefördert werden soll. Vermutlich muss dort die Verzahnung der Institutionen ansetzen: Durch das Bereitstellen von anschlussfähigen, spiralförmigen Curricula kann die Weiterentwicklung der gemeinsamen pädagogischen Arbeit wirksam unterstützt werden, da damit konkrete Anregungen für die Ausgestaltung der Arbeit mit den Kindern gegeben werden. Institutionsübergreifende Bildungsarbeit sollte durch die Entwicklung weiterer aufeinander aufbauender Lernangebote vor dem Hintergrund der

Bildungs- und Lehrpläne unterstützt werden, so dass KiTa und Grundschule die gemeinsame pädagogische Arbeit wirkungsvoll realisieren können.

## 10.2 Weiterführende Literatur

Gesellschaft für Didaktik des Sachunterrichts. (2013). *Perspektivrahmen Sachunterricht*. Bad Heilbrunn: Klinkhardt.
Überblick nicht nur über die Anforderungen und Umsetzungsmöglichkeiten naturwissenschaftlichen Sachunterrichts, sondern auch der Gesellschaftswissenschaften, Technik, Geschichte etc.
Materialien SINUS an Grundschulen. Verfügbar unter: http://sinus-sh.lernnetz.de/sinusag/¬materialien/sachunterricht/index.php [15.07.2015].
Praxis-Materialien für den naturwissenschaftlichen Sachunterricht, von Lehrkräften mit wissenschaftlicher Begleitung angefertigt.
Möller, K. (2014). Vom naturwissenschaftlichen Sachunterricht zum Fachunterricht – Der Übergang von der Grundschule in die weiterführende Schule. *Zeitschrift für Didaktik der Naturwissenschaften, 20(1)*, 33–43.
Wer wissen möchte, welche Anforderungen beim Übergang von der Grundschule in die weiterführende Schule gestellt werden, bekommt hier einen Überblick.
Kahlert, J., Fölling-Albers, M., Hartinger, A., Miller, S. & Wittkowske, S. (Hrsg.). (2015). *Handbuch Didaktik des Sachunterrichts*. Bad Heilbrunn: Klinkhardt.
Überblick über den aktuellen Sachunterricht in all seinen Facetten.

# Literatur

Aebli, H. (1980). *Denken: Das Ordnen des Tuns* (Bd. 1 & 2). Stuttgart: Klett-Cotta.

Aebli, H. (1997). *Grundlagen des Lehrens. Eine Allgemeine Didaktik auf psychologischer Grundlage*. Stuttgart: Klett-Cotta.

Ahnert, L. & Harwardt, E. (2008). Die Beziehungserfahrungen der Vorschulzeit und ihre Bedeutung für den Schuleintritt. *Empirische Pädagogik, 22(2)*, 145–159.

Amberg, L. (2010). Die Kindheit gibt es nicht. Aspekte der Kindheitsforschung. In M. Leuchter (Hrsg.), *Didaktik für die ersten Bildungsjahre: Unterricht mit 4- bis 8-jährigen Kindern* (S. 71–83). Zug: Klett und Balmer.

Anders, Y., Hardy, I., Pauen, S. & Steffensky, M. (2013). Zieldimension früher naturwissenschaftlicher Bildung im Kita-Alter und ihre Messung. In Haus der kleinen Forscher (Hrsg.), *Wissenschaftliche Untersuchungen zur Arbeit der Stiftung „Haus der kleinen Forscher"* (Bd. 5, S. 19–62). Schaffhausen: Schubi Lernmedien AG.

Ape, M. & Leuchter, M. (2016). *Design Research in der Kita. Förderung der Variablenkontrollstrategie*. Vortrag. Berlin: Vortrag gehalten an der GEBF, 9.–11. März.

Ape, M. & Leuchter, M. (2015). *Zusammenhänge von naturwissenschaftlichem Inhalts- und Prozesswissen im Vorschulalter*. Bochum: Vortrag gehalten an der GEBF, 11.–13. März.

Ariès, P. (1975). *Geschichte der Kindheit*. München: DTV.

Baillargeon, R., Needham, A. & Devos, J. (1992). The Development of Young Infants' Intuitions about Support. *Early Development and Parenting, 1(2)*, 69–78.

Bernhard, F. (2013). Projekt kinderforschen.ch. In M. Peschel, P. Favre & C. Mathis (Hrsg.), *SaCHen UnterriCHten – Beiträge zur Situation der Sachunterrichtsdidaktik in der deutschsprachigen Schweiz* (S. 125–136). Baltmannsweiler: Schneider Verlag Hohengehren.

Bildungsserver. (2015). *Bildungspläne der Bundesländer für die frühe Bildung in Kindertageseinrichtungen*. Zugriff am 12.11.2015 unter: http://www.bildungsserver.de/Bildungsplaene-der-Bundeslaender-fuer-die-fruehe-Bildung-in-Kindertageseinrichtungen-2027.html.

Black, P. & Wiliam, D. (1998). Assessment and Classroom Learning. *Assessment in Education, 5(1)*, 7–74.

Bödecker, K. (2006). *Die Entwicklung des intuitiven physikalischen Denkens*. Münster: Waxmann.

Bonawitz, E. B., van Schijndel, T. J. P., Friel, D. & Schulz, L. (2012). Children Balance Theories and Evidence in Exploration, Explanation, and Learning. *Cognitive Psychology, 64(4)*, 215–234.

Büchel, P., Gretler-Kägi, H. & Schmid, S. (Hrsg.). (2007, 1990). *Immer drüü mitenand. Kleingruppen als Unterrichtsform im Kindergarten*. Zürich: Lehrmittelverlag des Kantons.

Buholzer, A. (2011). Lernen verstehen. Systematische Förderdiagnostik als Teil der Unterrichtsentwicklung. *Die Grundschule, 43(5)*, 48–50.

Carey, S. (2000). Science Education as Conceptual Change. *Journal of Applied Developmental Psychology, 21(1)*, 13–19.

Chi, M. T. H. (2008). Three Types of Conceptual Change: Belief Revision, Mental Model Transformation, and Categorical Shift. In S. Vosniadou (Hrsg.), *International Handbook of Research on Conceptual Change* (S. 61–82). New York: Routledge.

Chicago Science Group. (2015). *Science Companion*. Zugriff am 24.07.2015 unter: www.sciencecompanion.com/ngss-i-wonder-circle/.

Chinn, C. A. & Brewer, W. F. (1993). The Role of Anomalous Data in Knowledge Acquisition: A Theoretical Framework and Implications for Science Instruction. *Review of Educational Research, 63(1)*, 1–49.

Collins, A., Brown, J. S. & Newman, S. E. (1989). Cognitive Apprenticeship. Teaching the Craft of Reading, Writing and Mathematics. In L. B. Resnick (Hrsg.), *Knowing, Learning and Instruction* (S. 453–494). Hillsdale: Erlbaum.

Conezio, K. & French, L. (2002). Science in the Preschool Classroom. *Young Children, 57*, 12–18.

Crossley, A. & Starauschek, E. (2010). Schülervorstellungen zur Energie im Vergleich: 1985 und 2008 – Ergebnisse einer Replikationsstudie. In D. Höttecke (Hrsg.), *Entwicklung naturwissenschaftlichen Denkens zwischen Phänomen und Systematik. Gesellschaft für Didaktik der Chemie und Physik*. Waxmann: Lit.

DeBoer, G. E. (2000). Scientific Literacy: Another Look at Its Historical and Contemporary Meanings and Its Relationship to Science Education Reform. *Journal of Research in Science teaching, 37(6)*, 582–601.

Deci, E. L. & Ryan, R. M. (1993). Die Selbstbestimmungstheorie der Motivation und ihre Bedeutung für die Pädagogik. *Zeitschrift für Pädagogik, 39(2)*, 223–238.

Dempster, F. N. (1981). Memory Span: Sources of Individual and Developmental Differences. *Psychological Bulletin, 89*, 63–100

Dewey, J. (2009). *Wie wir denken*. Zürich: Pestalozzianum.

Dias, M. G. & Harris, P. L. (1988). The Effect of Make-Believe Play on Deductive Reasoning. *British Journal of Developmental Psychology, 6(3)*, 207–221.

Dickinson, D. (1987). The Development of a Concept of Material Kind. *Science Education, 71(4)*, 615–628.

diSessa, A. (2008). A Bird's-Eye View of the „Peaces" vs. „Coherence" Controversy. In S. Vosniadou (Hrsg.), *International Handbook of Research on Conceptual Change*. New York, NY: Routledge.

Diskowski, D. (2008). Bildungspläne für Kindertagesstätten – ein neues und noch unbegriffenes Steuerungsinstrument. *Zeitschrift für Erziehungswissenschaft, Sonderheft 11*, 47–62.

Duit, R. (2010). Alltagsvorstellungen und Physik lernen. In E. Kircher, R. Girwidz & P. Häußler (Hrsg.), *Physikdidaktik* (S. 605–630). Berlin Heidelberg: Springer.

Einsiedler, W. (1999). *Das Spiel der Kinder*. Bad Heilbrunn: Klinkhardt.

Einsiedler, W. & Hardy, I. (2010). Kognitive Strukturierung im Unterricht: Einführung und Begriffsklärungen. *Unterrichtswissenschaft, 38(3)*, 194–209.

Erickson, G. L. (1979). Children's conceptions of heat and temperature. *Science Education, 63(2)*, 221–230.

Flottmann, J. & Leuchter, M. (2014). *Do Young Children Design Meaningful Experiments? Children's Use of the Control of Variables Strategy*. Jyväskylä: Vortrag gehalten an der EARLI SIG 5, 25.08.2014.

Flottmann, J., Naber, B., Plöger, I. & Leuchter, M. (2014). Erfassung sachunterrichtlich relevanter Wissenselemente in der Schuleingangsphase: Hebel, Statik und potenzielle Energie. *Zeitschrift für Grundschulforschung, 7(2)*, 33–45.

Friedman, W. J. (1991). The Development of Children's Memory for the Time of Past Events. *Child Development, 62(1)*, 139–155.

Frischknecht-Tobler, U. & Labudde, P. (2010). Beobachten und Experimentieren. In P. Labudde (Hrsg.), *Fachdidaktik Naturwissenschaft. 1.–9. Schuljahr* (S. 133–148). Bern: Haupt.

Fthenakis, W. E., Wendell, A., Eitel, A. & Daut, M. (2008). *Natur-Wissen schaffen Bd. 3: Frühe naturwissenschaftliche Bildung*. Köln: Bildungsverlag Eins.

Gelman, R. & Brenneman, K. (2004). Science Learning Pathways for Young Children [doi: 10.1016/j.ecresq.2004.01.009]. *Early Childhood Research Quarterly, 19(1)*, 150–158.

Gelman, S. A. & Coley, J. D. (1990). The Importance of Knowing a Dodo is a Bird: Categories and Inferences in 2-Year-Old Children. *Developmental Psychology, 26(5)*, 796–804.

Gentner, D. & Namy, L. (1999). Comparison in the Development of categories. *Cognitive Development, 14*, 487–513.

Gentner, D., Brem, S., Ferguson, R. W., Markman, A. B., Levidow, B. B., Wolff, P. (1997). Analogical Reasoning and Conceptual Change: A Case Study of Johannes Kepler. *The Journal of the Learning Sciences, 6(1)*, 3–40.

Gesellschaft für Didaktik des Sachunterrichts. (2013). *Perspektivrahmen Sachunterricht*. Bad Heilbrunn: Klinkhardt.

Gopnik, A. & Astington, J. W. (1988). Children's Understanding of Representational Change and Its Relation to the Understanding of False Belief and the Appearance-Reality Distinction. *Child Development, 59(1)*, 26–37.

Goswami, U. (2006). Induktives und deduktives Denken. In W. Schneider & B. Sodian (Hrsg.), *Enzyklopädie der Psychologie: Serie V, Entwicklungspsychologie, Bd. 2: Kognitive Entwicklung* (S. 239–269). Göttingen: Hogrefe.

Grygier, P. (2008). *Wissenschaftsverständnis von Grundschulkindern im Sachunterricht*. Bad Heilbrunn: Klinkhardt.

Hardy, I. (2012). Kognitive Strukturierung – Empirische Zugänge zu einem heterogenen Konstrukt der Unterrichtsforschung. In F. Hellmich, S. Förster & F. Hoya (Hrsg.), *Bedingungen des Lehrens und Lernens in der Grundschule* (Bd. 16, S. 51–62). Wiesbaden: VS Verlag für Sozialwissenschaften.

Hardy, I., Jonen, A., Möller, K. & Stern, E. (2004). Die Integration von Repräsentationsformen in den Sachunterricht der Grundschule. In J. Doll & M. Prenzel (Hrsg.), Bildungsqualität von Schule: Lehrerprofessionalisierung, Unterrichtsentwicklung und Schülerförderung als Strategien der Qualitätsverbesserung (S. 267–283). Münster: Waxmann.

Hardy, I. & Stern, E. (2011). Visuelle Repräsentation der Dichte: Auswirkungen auf die konzeptuelle Umstrukturierung bei Grundschulkindern. *Unterrichtswissenschaft, 39(1)*, 35–48.

Hartinger, A., Grygier, P., Tretter, T. & Ziegler, F. (2013). *Lernumgebungen zum naturwissenschaftlichen Experimentieren*. Zugriff am 10.02.2015 unter: http://www.sinus-an-grundschulen.de/fileadmin/uploads/Material_aus_SGS/Handreichung_Hartinger_et_al_fuer_web.pdf.

Hasselhorn, M. & Gold, A. (2006). *Pädagogische Psychologie: Erfolgreiches Lernen und Lehren*. Stuttgart: Kohlhammer.

Hasselhorn, M. & Grube, D. (2006). Gedächtnisentwicklung (Grundlagen). In W. Schneider & B. Sodian (Hrsg.), *Enzyklopädie der Psychologie. Themenbereich C: Theorie und Forschung, Serie V: Entwicklung, Bd. 2: Kognitive Entwicklung* (S. 271–325). Göttingen: Hogrefe.

Hattie, J. A. (2009). *Visible Learning. A Synthesis of over 800 Neta-Analyses Relating to Achievement*. London: Routledge.

Heinze, S. (2007). Spielen und Lernen in Kindertagesstätte und Grundschule. In C. Brokmann-Nooren, I. Gereke, H. Kiper & W. Renneberg (Hrsg.), *Bildung und Lernen der drei- bis achtjährigen* (S. 266–280). Bad Heilbrunn: Klinkhardt.

Henrichs, L., Leseman, P., Broekhof, K. & Lara, H. (2011). Kindergarten Talk about Science and Technology. In M. d. Vries, H. Kuelen, S. Peters & J. Molen (Hrsg.), *Professional Development for Primary Teachers in Science and Technology* (Bd. 9, S. 217-227). Rotterdam: Sense Publishers.

Hood, B., Carey, S. & Prasada, S. (2000). Predicting the Outcomes of Physical Events: Two-Year-Olds Fail to Reveal Knowledge of Solidity and Support. *Child Development, 71(6)*, 1540–1554.

Hood, B. M. (1998). Gravity Does Rule for Falling Events. *Developmental Science, 1(1)*, 59–63.

Inhelder, B. & Piaget, J. (1964). *The Early Growth of Logic in the Child*. New York: W. W. Norton.

Janich, P. (1997). *Kleine Philosophie der Naturwissenschaften.* München: Beck.
Kaiser, M. K., Proffitt, D. R. & McCloskey, M. (1985). The Development of Beliefs about Falling Objects. *Perception & Psychophysics, 38(6),* 533–539.
Kammermeyer, G. (2001). Schulfähigeit. In G. Faust-Siehl & A. Speck-Hamdan (Hrsg.), *Schulanfang ohne Umwege* (S. 96–118). Frankfurt: Arbeitskreis Grundschule.
Kim, I.-K. & Spelke, E. S. (1999). Perception and Understanding of Effects of Gravity and Inertia on Object Motion. *Developmental Science, 2(3),* 339–362.
Kleickmann, T. (2012). *Kognitiv aktivieren und inhaltlich strukturieren im naturwissenschaftlichen Sachunterricht.* Zugriff am 10.02.2015 unter: http://sinus-an-grundschulen.de/fileadmin/uploads/Material_aus_SGS/Handreichung_Kleickmann.pdf.
Kniebe, G. (Hrsg.). (1995). *Naturforschung erlebt, durchlitten, mitgeteilt.* Stuttgart: Pädagogische Forschungsstelle.
Koerber, S., Sodian, B., Thoermer, C. & Nett, U. (2005). Scientific Reasoning in Young Children: Preschoolers' Ability to Evaluate Covariation Evidence. *Swiss Journal of Psychology/Schweizerische Zeitschrift für Psychologie/Revue Suisse de Psychologie, 64(3),* 141–152.
Kotovsky, L. & Baillargeon, R. (1998). The Development of Calibration-Based Reasoning about Collision Events in Young Infants. *Cognition, 67(3),* 311–351.
Kotovsky, L. & Baillargeon, R. (2000). Reasoning about Collisions Involving Inert Objects in 7.5-Month-Old Infants. *Developmental Science, 3(3),* 344–359.
Krammer, K. (2010). Individuelle Unterstützung im Unterricht mit 4- bis 8-jährigen Kindern. In M. Leuchter (Hrsg.), *Didaktik für die ersten Bildungsjahre: Unterricht mit 4- bis 8-jährigen Kindern* (S. 112–127). Zug: Klett und Balmer.
Krist, H. (2000). Development of Naive Beliefs about Moving Objects. The Straight-Down Belief in Action. *Cognitive Development, 15(3),* 281–308.
Krist, H. (2010). Development of Intuitions about Support beyond Infancy. *Developmental Psychology, 46(1),* 266–278.
Krist, H., Horz, H. & Schönfeld, T. (2005). Children's Block Balancing Revisited: No Evidence for Representational Redescription. *Swiss Journal of Psychology, 64(3),* 183–193.
Kuhn, D. & Pearsall, S. (2000). Developmental Origins of Scientific Thinking. *Journal of Cognition and Development, 1(1),* 113–129.
Kuhn, N., Lankes, E. M. & Steffensky, M. (2012). Vorstellungen von pädagogischen Fachkräften zum Lernen von Naturwissenschaften. In H. Giest, E. Heran-Dörr & C. Archie (Hrsg.), *Lernen und Lehren im Sachunterricht – Zum Verhältnis von Konstruktion und Instruktion* (S. 183–190). Bad Heilbrunn: Klinkhardt.
Kuhn, T. S. (1976). *Die Struktur wissenschaftlicher Revolutionen.* Frankfurt: Suhrkamp.
Labudde, P. & Möller, K. (2012). Stichwort: Naturwissenschaftlicher Unterricht. *Zeitschrift für Erziehungswissenschaft, 15(1),* 11–36.
Laugksch, R. C. (2000). Scientific Literacy: A Conceptual Overview. *Science Education, 84 (1),* 71–94.
Lave, J., & Wenger, E. (1991). *Situated Learning.* Cambridge: University Press.
Lederman, N. G., Abd-El-Khalick, F., Bell, R. L. & Schwartz, R. S. (2002). Views of Nature of Science Questionnaire: Toward Valid and Meaningful Assessment of Learners' Conceptions of Nature of Science. *Journal of Research in Science Teaching, 39(6),* 497–521.
Lepper, M. R. & Woolverton, M. (2002). The wisdom of Practice: Lessons Learned from the Study of Highly Effective Tutors. In A. Joshua (Hrsg.), *Improving Academic Achievement* (S. 135–158). San Diego: Academic Press.
Leslie, A. M. & Keeble, S. (1987). Do Six-Month-Old Infants Perceive Causality? *Cognition, 25(3),* 265–288.
Leuchter, M. (2013a). Didaktik einer Inklusiven Begabungsförderung. *news & science. Begabtenförderung und Begabungsforschung, 35,* 4–7.

Leuchter, M. (2013b). Die Bedeutung des Spiels in Kindergarten und Schuleingangsphase. *Zeitschrift für Pädagogik, 59(4)*, 575–592.
Leuchter, M. (2014). Anschlussfähige Bildungskonzepte für pädagogische Fachkräfte und Grundschullehrpersonen. In A. Schmitt & G. Mey (Hrsg.), *Kita und Schule im Dialog* (S. 29–42). München: Link.
Leuchter, M. & Möller, K. (2014). Frühkindliche naturwissenschaftliche Bildung. In R. Braches-Chyrek, C. Röhner, M. Hopf & H. Sünker (Hrsg.), *Handbuch frühe Kindheit* (S. 671–680). Opladen: Budrich.
Leuchter, M. & Plöger, I. (2015). Individuelle Förderung in Kita und Schuleingangsphase: Naturwissenschaftliches Lernen am Beispiel Gleichgewicht. In B. Behrensen, E. Gläser & C. Solzbacher (Hrsg.), *Fachdidaktik und individuelle Förderung in der Grundschule. Perspektiven auf Unterricht in heterogenen Lerngruppen* (S. 191–198). Baltmannsweiler: Schneider.
Leuchter, M. & Saalbach, H. (2014). Verbale Unterstützungsmaßnahmen im Rahmen eines naturwissenschaftlichen Lernangebots in Kindergarten und Grundschule. *Unterrichtswissenschaft, 42(2)*, 117–131.
Leuchter, M., Saalbach, H. & Hardy, I. (2010). Die Gestaltung von Aufgaben in den ersten Bildungsjahren. In M. Leuchter (Hrsg.), *Didaktik für die ersten Bildungsjahre: Unterricht mit 4- bis 8-jährigen Kindern* (S. 98–111). Zug: Klett.
Leuchter, M., Saalbach, H. & Hardy, I. (2011). Förderung des konzeptuellen Verständnisses für Schwimmen und Sinken durch strukturierte Lernumgebungen. In F. Vogt, M. Leuchter, A. Tettenborn, U. Hottinger, M. Jäger & E. Wannack (Hrsg.), *Entwicklung und Lernen junger Kinder* (S. 37–52). Münster: Waxmann.
Leuchter, M., Saalbach, H. & Hardy, I. (2014). Designing Science learning in the First Years of Schooling. An Intervention Study with Sequenced Learning Material on the Topic of ‚Floating and Sinking'. *International Journal of Science Education, 36(10)*, 1751–1771.
Levin, I. (1977). The Development of Time Concepts in Young Children: Reasoning about Duration. *Child Development, 48(2)*, 435–444.
Liebers, K. & Seifert, C. (2012). Assessmentkonzepte für die inklusive Schule – eine Bestandsaufnahme. *Zeitschrift für Inklusion.* Zugriff am 15.02.2015 unter: http://www.inklusion-online.net/index.php/inklusion-online/article/view/44/44.
Lorenz, J. H. (2012). *Kinder begreifen Mathematik. Frühe mathematische Bildung und Förderung.* Stuttgart: Kohlhammer.
Lück, G. (2003). *Handbuch der naturwissenschaftlichen Bildung.* Berlin: Herder.
MacDonald, S. (2009). Block Play. *The Complete Guide to Learning and Playing with Blocks.* Beltsville: Gryphon House.
Mandl, H. (2004). Gestaltung problemorientierter Lernumgebungen. *Journal für Lehrerinnen- und Lehrerbildung, 4(3)*, 47–51.
Marton, F. & Pang, M. F. (2006). On some Necessary Conditions of Learning. *Journal of the Learning Sciences, 15(2)*, 193–220.
McCloskey, M., Washburn, A. & Felch, L. (1983). Intuitive Physics: The Straight-Down Belief and Its Origin. *Journal of Experimental Psychology, Learning, Memory, and Cognition, 9(4)*, 636–649.
Milesi, C. & Gamoran, A. (2006). Effects of Class Size and Instruction on Kindergarten Achievement. *Educational Evaluation and Policy Analysis, 28(4)*, 287–313.
Ministerium für Kultus, Jugend und Sport Baden-Württemberg. (2011). *Orientierungsplan für Bildung und Erziehung in baden-württembergischen Kindergärten und weiteren Kindertageseinrichtungen.* Zugriff am 18.01.2013 unter: http://www.kultusportal-bw.de/servlet/PB/show/1285728/KM_KIGA_Orientierungsplan_2011.pdf.
Ministerium für Schule und Weiterbildung NRW & Ministerium für Familie Kinder Jugend Kultur und Sport, NRW. (2003). *Bildungsvereinbarung NRW.* Düsseldorf: Nachdruck.

Möller, K. (2000). Kinder auf dem Wege zum Verstehen von Technik. Zur Förderung technikbezogenen Denkens im Sachunterricht. In W. Hinrichs & H. F. Bauer (Hrsg.), *Zur Konzeption des Sachunterrichts* (S. 328–348). Donauwörth: Auer.

Möller, K. (2006). Handlungsorientierung im naturwissenschaftlichen Sachunterricht mit dem Ziel, den Aufbau von Wissen zu unterstützen. In A. Fritz, R. Klupsch-Sahlmann & G. Ricken (Hrsg.), *Handbuch Kindheit und Schule. Neue Kindheit, neues Lernen – anderer Unterricht* (S. 273–282). Weinheim: Beltz.

Möller, K. (2013). *Spiralcurriculum Magnetismus: Naturwissenschaftlich arbeiten und denken lernen. Bd. 2: Primarbereich*. Seelze: Friedrich.

Möller, K., Jonen, A., Hardy, I. & Stern, E. (2002). Die Förderung von naturwissenschaftlichem Verständnis bei Grundschulkindern durch Strukturierung der Lernumgebung. In M. Prenzel & J. Doll (Hrsg.), Bildungsqualität von Schule: Schulische und außerschulische Bedingungen mathematischer, naturwissenschaftlicher und überfachlicher Kompetenzen. *Zeitschrift für Pädagogik. 45. Beiheft* (S. 176–191). Weinheim: Beltz.

Möller, K. & Steffensky, M. (2010). Naturwissenschaftliches Lernen im Unterricht mit vier- bis achtjährigen Kindern. In M. Leuchter (Hrsg.), *Didaktik für die ersten Bildungsjahre: Unterricht mit 4- bis 8-jährigen Kindern* (S. 163–178). Zug: Klett und Balmer.

Müller, H. & Adamina, M. (2004). Lehrpläne und Lehrmittelentwicklung zum integrativen sach- und sozialkundlichen Unterricht im Lernbereich „Natur-Mensch-Mitwelt (NMM)": das Beispiel der Lehrmittelreihe „Lernwelten NMM". *Beiträge zur Lehrerbildung, 22(1)*, 41–53.

Mynatt, C. R., Doherty, M. E. & Tweney, R. D. (1977). Confirmation Bias in a Simulated Research Environment: An Experimental Study of Scientific Inference. *Quarterly Journal of Experimental Psychology, 29(1)*, 85–95.

Nayfeld, I., Brenneman, K. & Gelman, R. (2011). Science in the Classroom: Finding a Balance between Autonomous Exploration and Teacher-Led Instruction in Preschool Settings. *Early Education and Development, 22(6)*, 970–988.

Needham, A. & Baillargeon, R. (1993). Intuitions about Support in 4.5-Month-Old Infants. *Cognition, 47(2)*, 121–148.

Neumann, I. & Kremer, K. (2013). Nature of Science und epistemologische Überzeugungen – Ähnlichkeiten und Unterschiede. *Zeitschrift für Didaktik der Naturwissenschaften(19)*, 209–232.

Newman, G. E. & Keil, F. C. (2008). Where is the Essence? Developmental Shifts in Children's Beliefs about Internal Features. *Child Development, 79(5)*, 1344–1356.

Niedderer, H. & Schecker, H. (1992). Towards an Explicit Description of Cognitive Systems for Research in Physics Learning. In R. Duit, F. Goldberg & H. Niedderer (Hrsg.), *Research in Physics Learning – Theoretical Issues and Empirical Studies* (S. 74–98). Kiel: IPN.

OECD. (2007). *PISA 2006: Schulleistungen im internationalen Vergleich: Naturwissenschaftliche Kompetenzen für die Welt von Morgen*. Paris: OECD.

Osborne, J., Collins, S., Ratcliffe, M., Millar, R. & Duschl, R. (2003). What „Ideas-about-Science" Should Be Taught in School Science? A Delphi Study of the Expert Community. *Journal of Research in Science Teaching, 40(7)*, 692–720.

Pauen, S. & Rauh, H. (2008). Frühe Kindheit: Das Säuglingsalter. In M. Hasselhorn & R. K. Silbereisen (Hrsg.), *Enzyklopädie der Psychologie: Serie V, Entwicklungspsychologie, Bd. 4: Entwicklungspsychologie des Säuglings- und Kindesalters* (S. 67–126). Göttingen: Hogrefe.

Pauen, S. & Träuble, B. (2006). Kategorisierung und Konzeptbildung. In W. Schneider & B. Sodian (Hrsg.), *Enzyklopädie der Psychologie: Serie V, Entwicklungspsychologie, Bd. 2: Kognitive Entwicklung* (S. 377–407). Göttingen: Hogrefe.

Perner, J., Leekam, S. R. & Wimmer, H. (1987). Three-Year-Olds' Difficulty with False Belief: The Case for a Conceptual Deficit. *British Journal of Developmental Psychology, 5(2)*, 125–137.

Piaget, J. (1975). *Der Aufbau der Wirklichkeit beim Kinde*. Stuttgart: Klett.

Piaget, J. & Inhelder, B. (1975). *Die Entwicklung des räumlichen Denkens beim Kinde*. Stuttgart: Klett.

Pianta, R. C. & Hamre, B. K. (2009). Conceptualization, Measurement, and Improvement of Classroom Processes: Standardized Observation Can Leverage Capacity. *Educational Researcher, 38(2)*, 109–119.

Pintrich, P. R., Marx, R. W. & Boyle, R. A. (1993). Beyond Cold Conceptual Change: The Role of Motivational Beliefs and Classroom Contextual Factors in the Process of Conceptual Change. *Review of Educational Research, 63(2)*, 167–199.

Posner, G. J., Strike, K. A., Hewson, P. W. & Gertzog, W. A. (1982). Accommodation of a Scientific Conception: Toward a Theory of Conceptual Change. *Science Education, 66 (2)*, 211–227.

Quinn, P. C. & Eimas, P. D. (1996). Perceptual Cues that Permit Categorical Differentiation of Animal Species by Infants. *Journal of Experimental Child Psychology, 63(1)*, 189–211.

Rank, A. & Wildemann, A. (2015). Die Sachen versprachlichen. In M. Fölling-Albers, M. Götz, A. Hartinger, J. Kahlert, A. Miller & S. Wittkowske (Hrsg.), *Handbuch Didaktik des Sachunterrichts* (S. 474–479). Bad Heilbrunn: Klinkhardt.

Reiser, B. J. (2004). Scaffolding Complex Learning: The Mechanisms of Structuring and Problematizing Student Work. *The Journal of the Learning Sciences, 13(3)*, 273–304.

Reusser, K. (2006). Konstruktivismus – vom epistemologischen Leitbegriff zur Erneuerung der didaktischen Kultur. In M. Baer, M. Fuchs, P. Füglister, K. Reusser & H. Wyss (Hrsg.), *Didaktik auf psychologischer Grundlage. Von Hans Aeblis kognitionspsychologischer Didaktik zur modernen Lehr- und Lernforschung* (S. 151–168). Bern: hep-verlag.

Richardson, V. (2003). Constructivist Pedagogy. *Teachers College Record, 105(9)*, 1623–1640.

Schiefele, U. & Pekrun, R. (1996). Psychologische Modelle des fremdgesteuerten und selbstgesteuerten Lernens. In F. E. Weinert (Hrsg.), *Psychologie des Lernens und der Instruktion. Enzyklopädie der Psychologie, Themenbereich D, Serie I, Bd. 2* (S. 249–278). Göttingen: Hogrefe.

Schmitt, A., & Mey, G. (Hrsg.). (2014). *Kita und Schule im Dialog*. München: Link.

Schneider, M., Vamvakoussi, X. & van Dooren, W. (2012). Conceptual Change. In N. M. Seel (Hrsg.), *Encyclopedia of the Sciences of Learning*. New York: Springer.

Schnotz, W. (2001). Conceptual Change. In D. Rost (Hrsg.), *Handwörterbuch Pädagogische Psychologie* (S. 77–82). Weinheim: Beltz.

Schönknecht, G. & Maier, P. (2012). *Diagnose und Förderung im Sachunterricht. Handreichungen des Programms SINUS an Grundschulen*. Zugriff am 10.02.2015 unter: http://www.sinus-an-grundschulen.de/fileadmin/uploads/Material_aus_SGS/Handreichung_Schoenknecht_Maier.pdf.

Schwartz, D. L. & Black, T. (1999). Inferences through Imagined Actions: Knowing by Simulated Doing. *Journal of Experimental Psychology: Learning, Memory, and Cognition, 25(1)*, 116–136.

Sexl, R., Raab, I. & Streeruwitz, E. (1990). *Das mechanische Universum. Eine Einführung in die Physik. Bd. 1*. Frankfurt: Diesterweg.

Siegler, R. S. (1978). The Origins of Scientific Reasoning. In R. S. Siegler (Hrsg.), *Children's Thinking: What Develops?* (S. 109–149). Hillsdale: Erlbaum.

Siegler, R. S., DeLoache, J. & Eisenberg, E. (2008). *Entwicklungspsychologie im Kindes- und Jugendalter*. Heidelberg: Elsevier, Spektrum Akademischer Verlag.

Smith, C., Carey, S. & Wiser, M. (1985). On Differentiation: A Case Study of the Development of the Concepts of Size, Weight, and Density. *Cognition, 21(3)*, 177–237.

Sodian, B. & Thoermer, C. (2006). Theory of Mind. In W. Schneider & B. Sodian (Hrsg.), *Enzyklopädie der Psychologie: Serie V, Entwicklungspsychologie, Bd. 2: Kognitive Entwicklung* (S. 495–608). Göttingen: Hogrefe.

Sodian, B., Zaitchik, D. & Carey, S. (1991). Young Children's Differentiation of Hypothetical Beliefs from Evidence. *Child Development, 6*, 753–766.

Spangler, G. & Schwarzer, G. (2008). Kleinkindalter. In M. Hasselhorn & R. K. Silbereisen (Hrsg.), *Enzyklopädie der Psychologie: Serie V, Entwicklungspsychologie, Bd. 4: Entwicklungspsychologie des Säuglings- und Kindesalters* (S. 127–175). Göttingen: Hogrefe.

Spelke, E. S., Breinlinger, K., Macomber, J. & Jacobson, K. (1992). Origins of Knowledge. *Psychological Review, 99(4)*, 605–632.

Spreckelsen, K. (1997). Phänomenkreise als Verstehenshilfen. In W. Köhnlein, B. Marquardt-Mau & H. Schreier (Hrsg.), *Kinder auf dem Weg zum Verstehen der Welt* (S. 111–127). Bad Heilbrunn: Klinkhardt.

Steffensky, M. & Hardy, I. (2013). *Sprialcurriculum Magnetismus: Naturwissenschaftlich arbeiten und denken lernen. Bd. 1: Elementarbereich*. Seelze: Friedrich.

Steffensky, M., Hardy, I., Leuchter, M. & Saalbach, H. (in Vorbereitung). *Sprialcurriculum Schwimmen und Sinken: Naturwissenschaftilch arbeiten und denken lernen*.

Steffensky, M., Lankes, E.-M., Carstensen, C. H. & Nölke, C. (2012). Alltagssituationen und Experimente: Was sind geeignete naturwissenschaftliche Lerngelegenheiten für Kindergartenkinder? *Zeitschrift für Erziehungswissenschaft, 15(1)*, 37–54.

Steinle, F. (1997). Entering New Fields: Exploratory Uses of Experimentation. *Philosophy of Science, 64*, 65–74.

Stern, E. (2003). Lernen ist der mächtigste Mechanismus der kognitiven Entwicklung: Der Erwerb mathematischer Kompetenzen. In W. Schneider & M. Knopf (Hrsg.), *Entwicklung, Lehren und Lernen* (S. 207–218). Göttingen: Hogrefe.

Stiftung Haus der kleinen Forscher. (2014). *Strom & Energie: Experimente*. Zugriff am 24.07.2014 unter: http://www.haus-der-kleinen-forscher.de/de/praxisideen/experimente-¬versuche/strom-und-energie/.

Stipek, D. & Byler, P. (1997). Early Childhood Education Teachers: Do They Practice What They Preach? *Early Childhood Research Quarterly, 12*, 305–325.

Straka, G. A. & Macke, G. (2002). *Lern-Lehr-Theoretische Didaktik*. Münster: Waxmann.

Tipler, P. A. (1994). *Physik*. Heidelberg: Spektrum.

van de Pol, J., Volman, M. & Beishuizen, J. (2011). Patterns of Contingent Teaching in Teacher-Student Interaction. *Learning and Instruction, 21(1)*, 46–57.

Vosniadou, S. (1994). Capturing and Modeling the Process of Conceptual Change. *Learning and Instruction, 4(1)*, 45–69.

Vygotsky, L. (1978). Mind in Society. *The Development of Higher Psychological Processes*. Cambridge: Harvard University Press.

Wilkening, F. (1981). Integrating Velocity, Time, and Distance Information: A Developmental Study. *Cognitive Psychology, 13(2)*, 231–247.

Wilkening, F., Huber, S. & Cacchione, T. (2006). Intuitive Physik im Kindesalter. In W. Schneider & B. Sodian (Hrsg.), *Enzyklopädie der Psychologie: Serie V, Entwicklungspsychologie, Bd. 2: Kognitive Entwicklung* (S. 823–859). Göttingen: Hogrefe.

Wodzinsky, R. & Von Aufschnaiter, C. (2013). *Spiralcurriculum Magnetismus: Naturwissenschaftlich arbeiten und denken lernen. Bd. 3: Sekundarbereich*. Seelze: Friedrich.

Wood, D. J., Bruner, J. S. & Ross, G. (1976). The Role of Tutoring in Problem Solving. *Journal of Child Psychology and Psychiatry, 17*, 89–100.

Zeilik, M., Schau, C. & Mattern, N. (1998). Misconceptions and Their Change in University-Level Astronomy Courses. *The Physics Teacher, 36(2)*, 104–107.

Bernhard Hauser

## Spielen
Frühes Lernen in Familie, Krippe und Kindergarten

2. Auflage 2016
215 Seiten. Kart. € 29,–
ISBN 978-3-17-030117-7

*Entwicklung und Bildung in der Frühen Kindheit*

Kinder spielen für ihr Leben gern. Kindliches Spiel ist ein wichtiger Entwicklungsmotor für Lernen und hat einen eigenständigen Bildungswert. Das Buch stellt einen inspirierenden Gegenentwurf gegen eine Verschulung des Elementarbereichs dar. An einer Vielzahl empirischer Studien zeigt der Autor, dass ein entwickeltes Spiel höchst ertragreiches Lernen ermöglicht – ein lustbetontes Lernen mit geringem Überwindungs- und Anstrengungsempfinden. Die entwicklungspsychologischen Hintergründe werden anschaulich erläutert und es wird gezeigt, wie Kinder in vielfältigen Spielformen wie Bewegungs-, Funktions-, Rollen-, Regel- und Konstruktionsspielen sich wichtige soziale, sprachliche, geistige und emotionale Fähigkeiten aneignen. Das Buch liefert eine Fülle an Hinweisen und Anregungen für die Praxis, die den Kindern ausreichend Zeit zum entwicklungsförderlichen Spielen eröffnen.